Joseph Rovan · Zwei Völker – eine Zukunft

Joseph Rovan

# Zwei Völker – eine Zukunft

Deutsche und Franzosen an der
Schwelle des 21. Jahrhunderts

Piper
München Zürich

ISBN 3-492-3013-0

Gesetzt aus der Baskerville-Antiqua
Gesamtherstellung Clausen & Bosse, Leck
Printed in Germany

# Inhalt

# I.
# Zwei Wege zur Nation

Wissen wir, wer wir sind? Woher wir kommen? Mit welcher Bestimmung unterwegs? Zwei Völker, zwei Nationen: wieviel Staaten? Wir fragen, wer antwortet – wenn nicht wir selbst? Die Fragen, die wir stellen, die wir uns stellen, können nur wir selbst beantworten. Marx schreibt: Die Menschheit stellt sich nur Fragen, die sie beantworten kann. Hier irrt Marx. Denn die Fragen, die wir uns stellen, *kann heute niemand* beantworten. Wer die richtige Antwort *errät*, ist sehr weise oder hat sehr viel Glück – oder beides gleichzeitig.

Nationalbewußtsein ist Erfahrung, die uns von anderen zugetragen wird. Daß wir Deutsche oder Franzosen sind, erfahren wir sehr viel später, als wir unsere Namen erlernen, Monate, ja manchmal Jahre später. Es ist eine gesellschaftlich, administrativ und wissenschaftlich fundierte Erfahrung; die Staatsangehörigkeit steht im Personalausweis, und solange das Kind noch keinen eigenen hat, in dem seiner Eltern. Sie ist Eigenschaft im Gegenüber zu Ausländern, Immigranten, Gastarbeitern, verbündeten Soldaten nebst deren Familien, zu Touristen, und vor allem in sportlichen Begegnungen, die indes – wie andere existentielle Situationen in der Beziehung zu Ausländern – mehr am Fernsehschirm als im direkten Leben erfahren werden; sie ist Inhalt im Schulunterricht der Fächer Geschichte und Literatur; und sie steht schließlich an erster Stelle im systematischen Erlernen der Muttersprache.

So wenigstens ereignet sich das Erfahren der Nationalität heute, und ähnlich ging es bereits in der zweiten Hälfte des 19. Jahrhunderts zu. Der Vergleich mit den diesem Zeitpunkt vorhergehenden Perioden betont den gesellschaftlichen Charakter des Nationalbewußtseins; denn um zu wissen, daß man Deutscher oder Franzose war, mußte man zu den führenden, herrschenden, besitzenden, gebildeten Schichten gehören oder zumindest mit Angehörigen dieser Schichten in nicht nur oberflächlicher, punktueller Beziehung stehen. Die große Masse der Menschen lebte in engeren Zusammenhängen, hatte nur dunkle, unsystematische Vorstellungen von der weiteren Welt. Der einzelne gehörte einer Großfamilie an, einer Dorfgemeinde, er kannte Namen und Titel des Herrn, dem er Untertan war, darüber hinaus den Landesherrn, dem er selbst oder dem Familienmitglieder Kriegsdienst tun und Steuern zahlen mußten. Das Bewußtsein von diesen Zugehörigkeiten änderte sich im Laufe der Zeiten, und es war je nach dem Entwicklungsniveau und den Strukturen der größeren Verbände verschieden: anders in einem Gebilde wie dem alten Reich, wo allmählich die Glieder wichtiger und für die Masse der Menschen deutlicher wurden als das Ganze, und anders in Frankreich, wo die Ansätze zum Zentralismus bis in das 13. Jahrhundert zurückreichen. Aber auch für Frankreich ist die Frage durchaus legitim, wie viele seiner Einwohner zur Zeit Ludwigs des XIV. wohl wußten, daß sie Franzosen waren. Welcher Teil der Einwohner kannte den Namen des Königs? Wußten Hintersassen pommerischer Rittergüter zur Zeit Friedrichs des Großen, daß sie Deutsche waren? Daß sie Preußen waren, wußten wahrscheinlich sehr viel mehr. Sprachen sie überhaupt schon alle deutsch?

Die gemeinsame Sprache ist eine der bestimmenden Voraussetzungen des Nationalbewußtseins. Gewiß gibt es auch diesbezüglich keine klaren, einfachen, stabilen Verhältnisse. Menschen, die die gleiche Muttersprache haben, gehören nicht in allen Fällen derselben Nation an: Kann man die Einwohner von Zürich oder Bern als Mitglieder der deutschen Nation bezeichnen oder die Einwohner der kanadischen Provinz Quebec als Mitglieder der französischen Nation? Kann man umgekehrt von einer Schweizer Nation sprechen, die sich aus Menschen zusammensetzt, die drei oder vier verschiedene Sprachen sprechen? Inmitten dieser Fragwürdigkeiten gibt es wohl doch einen harten Kern: Eine Nation hat im allgemeinen eine Nationalsprache. Diese ist aber nicht unbedingt und wahrscheinlich sogar nur in relativ seltenen Fällen die wirklich gesprochene Sprache, denn es gibt soziale und geographische Dialekte: Untersprachen, Nebensprachen. Das Verhältnis der letzteren zu der ersteren ist wiederum eine Bewußtseinsfrage: Lange Jahrzehnte hindurch fühlten und erklärten sich alle Einwohner von Korsika als Franzosen, wenn sie auch unter sich korsisch sprachen oder, besser gesagt, korsische Dialekte; heute ist dies für eine kleine, aber wohl wachsende Minderheit nicht mehr so – eine Entwicklung, die wiederum das Problem der Erstellung einer gemeinkorsischen Schriftsprache aufwirft; hier spielen politisches Bewußtsein und politisches Wollen eine entscheidende Rolle. Zur Zeit der großen Französischen Revolution sprach kaum die Hälfte der Einwohner Frankreichs französisch – sondern Bretonisch, Baskisch, Korsisch, Okzitanisch oder Provenzalisch, kurz die Languedoc-Sprachen –, Deutsch und Flämisch waren wirkliche Fremdsprachen, und selbst bei den Französischsprechenden sprach die große Mehrheit nur Patois, Dialekt. Der politische Wille des Staates in Schule, Militärdienst und Verwaltung hat die sprachliche Vereinheitlichung vorwärtsgetrieben. Der gesellschaftliche Druck, der wirtschaftliche Druck, Mode und Effizienz haben im Dienste der Einheit gewirkt. Die Schriftsprache ist Hochsprache; es wird immer mehr gelesen und geschrieben, die Schule ist die »Schule der Nation«. Die kleinen Bretonen, die in der Pause unter sich bretonisch sprechen, schlägt der – ebenfalls bretonische – Volksschullehrer, Missionar des republikanischen Staats, mit dem Lineal auf die Finger.

Vor den Zeiten der heutigen europäischen Nationen, die Millionen und Zigmillionen Menschen umfassen, gab es Volksstämme bei Germanen und Kelten, die zum Teil nahverwandte, zum Teil sehr verschiedene Sprachen hatten, deren Existenz manchmal mehrere Jahrhunderte, manchmal nur ein paar Generationen umfaßte. Das Gefühl und Wissen – mythisches, nicht wissenschaftliches Wissen – von gemeinsamer Abstammung war ein starkes Element im Zusammengehörigkeitsbewußtsein dieser kleineren Gruppen, die ein paar tausend, maximal ein paar zehntausend Menschen umfaßten, doch wissen unsere heutigen

Historiker von vielen Vermischungen, mit denen kleinere Gruppen sich zu einem Großstamm hinzufügten oder verschiedene Gruppen ähnlichen Umfangs sich zu einem neuen Großstamm zusammentaten, so die vier großen deutschen Stämme der Franken, Alemannen, Bajuwaren und Sachsen. Die Vorstellungen, die man im 19. Jahrhundert von den Volksstämmen hatte – die germanischen sind wegen des späteren Auftretens und der längeren, engeren Kontakte mit einer geschichts- und geographieschreibenden antiken Zivilisation weit besser bekannt als die keltischen –, beschrieben sozusagen einen photographisch fixierten Augenblick. Wir wissen, daß sich die Volksgruppen in dauerndem Wandel befanden, wobei Wanderung, Krieg, Beutezüge und Unterwerfung unter mächtigere, Herrschaft über weniger mächtige Stämme oder Völker in jedem Fall und zu jedem Zeitpunkt in eigenartigen Mischungen wirksam wurden. Ihrer Verwandtschaft waren sie sich bis zu einem gewissen Grade bewußt, wie es des Ostgoten Theodorichs Eintreten für die von den Franken geschlagenen Westgoten zeigt, was aber natürlich auch durch machtpolitische Gründe miterklärt wird. Einige Jahrhunderte früher war es Vercingetorix gelungen, die große Mehrheit der *civitates*, der Stämme Galliens, zum Verteidigungskampf gegen Rom zu sammeln. Nach dem Erlöschen der römischen Herrschaft lebten im Merowingerreich, zum Teil als Weiterbildungen älterer Gemeinschaften, zum Teil als Neubildungen, territoriale Einheiten auf, bei denen das Gefühl ethnischer und sprachlicher Gemeinsamkeiten eine mehr oder minder bedeutende Rolle spielte, für kürzere oder für längere Zeit: Austrasien mit starker Betonung des fränkischen Volksstamms; Neustrien, galloromanisch, aber auf Gebieten heimisch, wo die römischen Strukturen nicht mehr lebendig waren; Burgund, wo die Erinnerung an die Reichsgründung durch einen anderen, von den Franken sehr verschiedenen germanischen Volksstamm, trotz der kurzen Dauer des burgundischen Königtums, für mehrere Jahrhunderte das Selbstbewußtsein, das Gefühl-Wissen von Verschiedenheit und Eigenart aufrechterhielt; Aquitanien, der Süden, der römische Strukturen, römisches Recht, Teile des antiken Wirtschaftens und – obgleich herabgekommen – die römische Schriftsprache bewahrte; Vasconien, das Baskenland, das bis vor die Tore von Bordeaux reichte und mit seiner sowohl den Galloromanen wie den Franken ganz fremden Sprache und seiner ethnischen Besonderheit ebensowenig dauernd integrierbar war wie die von den Immigranten aus »Großbritannien« rekeltisierte Bretagne. Und wie lange hat es gedauert, bis aus den angelsächsischen Kleinkönigreichen, die sich drüben, jenseits des Kanals, auf Kosten der Kelten ausdehnten und im Kampf auf Leben und Tod gegen die nicht unverwandten Wikinger standen, eine Art von angelsächsischem Gemeinschaftsgefühl erwuchs, das nach kurzer Blüte von den normannischen Eroberern zerstört, erst nach der Integrierung all dieser Elemente im 15. Jahrhundert – und dann wesentlich auch durch die lange Auseinandersetzung mit Frankreich gefördert – zu einem englischen Nationalbewußtsein wiederaufleben sollte.

## *Wille und Erleben*

Es gibt keine Nation ohne politischen Willen. Vom Staat zu sprechen, wenn es sich um Zeiten vor dem 18. Jahrhundert handelt, ist ebenso unvorsichtig, wie von Nation zu sprechen. »Reich«, »Königtum«, »Empire«, »Royaume« sind Begriffe und Ausdrücke, mit denen sich leichter operieren läßt. Das Königreich Karls des Kahlen oder Ludwigs des Deutschen kann man wohl kaum als Staat in dem Sinne bezeichnen, den dieses Wort besitzt, seit es gebraucht wird. Trotzdem war es anscheinend nützlich – und vielleicht sogar notwendig –, daß die Truppen des einen Königs den Treueschwur in *ihrer* Sprache dem anderen verkünden hörten. Dazu muß mehreres kommentierend gesagt werden. Erstens bedeuteten die Straßburger Eide, daß es im romanischen wie im germanischen Reichsteil eine Art von Koine gegeben hat, eine Umgangssprache, die von einem großen Teil, wenn nicht von allen Einwohnern, einigermaßen verstanden wurde und die von den Geistlichen, den Schriftgelehrten mehr oder minder phonetisch aufgeschrieben werden konnte. Zum zweiten ist der »politische« Wille der Prätendenten ein wesentlicher Faktor der Reichsteilung, aber dieser hätte sich nicht durchsetzen können, wenn er nicht den Interessen und Gefühlen der führenden, »mitherrschenden« und besitzenden Schichten, und das heißt wiederum den Interessen und Gefühlen der Mehrheit der Mitglieder dieser Schichten entsprochen hätte. Weltlicher Adel und Kirchenführer, die sich hinter die jüngeren, auf Teilung drängenden Söhne Ludwigs des Frommen stellten, haben den Sieg über die weltlichen und geistlichen Großen davongetragen, die Lothar unterstützten. In diesem Zusammenhang ist es, drittens, bemerkenswert, daß die beiden Teilreiche der jüngeren Söhne zwar nichtromanische und nichtgermanische Elemente mit umfaßten, daß es aber in Karls Westfranken nur eine kleine germanisch, das heißt fränkisch sprechende Minderheit im Norden gab, und in Ludwigs Ostfranken so gut wie niemanden, der romanisch sprach (von einigen rätoromanischen Gruppen in den Alpen abgesehen). Alle anderen Teilungsversuche sind gescheitert, auch wenn nach dem Aussterben der Linie Lothars und manchem Hin und Her nicht unbedeutende romanische Elemente in Ober- und Nieder-»Lothringen« zum Ostreich kamen und fast tausend Jahre bei ihm blieben (bei ständigem Vorrücken des Westreichs nach Osten seit dem 14. Jahrhundert). So ist die *Francia occidentalis* im Wesen romanische Sprache und die *Francia orientalis* »deutsch«, ein weit nach Osten verlagertes Austrasien. Beide Reichsteile waren noch keine Staaten und die »Westfranken« wie die »Ostfranken« noch keine Nationen, aber was damals im 9. Jahrhundert geschah, schuf ihre Grundlagen.

Daß in beiden Reichsteilen das gleiche Christentum die offizielle Religion war, die Religion des Königs als Haupt des *populus christianus* und für dieses vor Gott verantwortlich, hat die Entwicklung zu verschiedenen Staaten und Nationen nicht verhindert. Anderwärts ist das Religiöse eine wichtige Komponente bei der Herausbildung eines Nationalbewußtseins gewesen: bei den iberischen Völkern und bei den Balkanvölkern im Gegensatz zu den islamischen Arabern und Türken, bei den Polen im Gegensatz zu den meist protestantischen Deutschen und den orthodoxen Russen. Die Religionsverschiedenheit hat die Integration der arianischen Germanenstämme mit den katholischen Romanen in Spanien und Italien gehemmt; die Religionsgleichheit mit den katholisch gewordenen Franken hat die Entwicklung erleichtert, die aus Galloromanen und Franken »Franzosen« gemacht hat, *des Français*. Nationales Kulturbewußtsein ist ein verhältnismäßig spätes Produkt; es setzt die Existenz einer sich als solche ausgebenden nationalen Kultur voraus, die im Hochmittelalter gegenüber der gemeinsamen Kultur der katholischen *christianitas*, die sich der toten Sprachen bedient, des Lateinischen, des Griechischen, des Hebräischen, nur Randerscheinung ist. Was bei Walther von der Vogelweide Deutsche von Welschen trennt, ist die Lebensart, sind Tugenden und Untugenden, also eben Lebensweisen, die bewußt werden, ja mit dem zur Verfügung stehenden und sich schnell ausbauenden Sprachmaterial auch schon theoretisch aufgefangen werden, aber nicht Kultur im Sinne des 17. und 18. Jahrhunderts. Literatur, Philosophie, Wissenschaft: sie sind, um den alten Gegensatz umzudrehen, mehr Zivilisation als Kultur. Ähnlich steht es fast zur selben Zeit bei der Auseinandersetzung zwischen dem »fränkischen« Nordfrankreich und dem okzitanischen Südfrankreich. Hier ist die Religion vordergründig im Spiele, denn der Norden führt ja einen Kreuzzug gegen die albigensischen Ketzer; natürlich ist diese Angelegenheit auch hochpolitisch: Der katholische König, dessen Reich im Prinzip auch den Süden umfaßt, der aber seit drei Jahrhunderten dort nur selten und sporadisch seine Rechte wahrnehmen konnte, nutzt den Kreuzzug, um sich die großen

Barone Okzitaniens zu unterwerfen; am Ende des 13. Jahrhunderts sind drei Viertel des Südens Krongut. Und natürlich ist daneben das wirtschaftliche Element so wenig abwesend wie bei den eigentlichen Kreuzzügen: Die Ritter im Heer aus dem Norden lockt der reiche Besitz des in die Solidarität mit den Ketzern verstrickten okzitanischen Feudaladels – wie später in Böhmen nach der Schlacht am Weißen Berge wird die eingeborene »nationale« Aristokratie weithin durch Raubritter aus den Reihen der Sieger ersetzt. Und natürlich ist die Eroberung auch ein kultureller Ethnozid. Die Lebensart Okzitaniens wie seine provenzalische Schrift – und Dichtungssprache, verschwinden nicht von heut auf morgen und werden nie gänzlich verschwinden, aber ihre Bedeutung versinkt, trocknet aus – die Herrschaft, der Staat sind im Norden, erst jetzt wird der Süden Provinz im Sinne des Provinzlerischen, die Sprache wird Patois, Dialekt. Okzitanien war schon auf dem Weg, auf dem die modernen europäischen Nationen entstanden sind, ein Weg, der für Italien knapp ein Jahrhundert später bei Dante begangen und beschrieben wird; der Verlust der Selbständigkeit und der Abbruch einer Entwicklung, die zur Bildung eines okzitanischen Staates führen mußte, bedeuteten gleichzeitig, daß es keine okzitanische Nation geben werde. Was sich heute dort regt, bringt aller Voraussicht nach weder eine eigenständige Entwicklung noch Selbständigkeit zustande: Der Süden gehört definitiv zur französischen Nation und zum französischen (National-)Staat.

Daß umgekehrt der früh ausgebildete Staat nicht unbedingt die Ausbildung einer Nation bevorzugt, zeigt das Normannenkönigtum in Süditalien. Obgleich der von den Söhnen des Baron von Hauteville gegründete Staat, einfach oder doppelt, als Königreich Sizilien und als Königreich Neapel oder als Königreich Beider Sizilien über siebenhundertdreißig Jahre Bestand hatte, ist keine süditalienische Nation entstanden – vielleicht weil dieser Staat immer wieder unter einer Fremdherrschaft funktionieren mußte, aufgezwungen von den Normannen selbst, die darin den Griechen, den Karthagern, den Römern und Arabern folgten, über die hohenstaufischen Schwaben und die Anjous bis zu den Spaniern.

*Ein Staat schafft sich seine Nation*

Der Staat als Vater der Nation – so sind die Dinge in der Tat in Frankreich verlaufen. Mit einer Bemühung, die sich über Jahrhunderte erstreckt, haben die Kapetinger, Valois und Bourbonen, haben Bonaparte und die drei ersten Republiken das Westfrankenreich zu einem zentralisierten Einheitsstaat gemacht. Sie haben die *Regna*, die Herzogtümer, Groß-Lehen des Feudalsystems, unter die direkte Gewalt der Krone gebracht. Nach der Eingliederung des Herzogtums Burgund, der Bretagne und des Besitzes des Connétable von Bourbon in den letzten Jahrzehnten des 15. und den ersten des 16. Jahrhunderts ist dieses Werk bis auf geringe außen bleibende südfranzösische Reste abgeschlossen. Schon seit dem 13. Jahrhundert haben die französischen Könige dann begonnen, ihr Herrschaftsgebiet über die Grenze der Teilung von Mersen (870) nach Osten auszudehnen; Vivarois, Lyon, Provence und Dauphiné kamen vom Reich an Frankreich, gefolgt von den drei lothringischen Bistümern, dem Elsaß, der Freigrafschaft Burgund, dem südlichen Teil der Niederlande, dem eigentlichen Lothringen, und letzthin, 1860/61, von Savoyen und Nizza. Außerhalb des Reichsgebiets gelegen, kamen die nördlichen Teile von Navarra, Roussillon und Korsika dazu. Fast jeder König und alle Regierungen mit Ausnahme der kurzlebigen Zweiten Republik haben bis 1870 das Staatsgebiet vergrößert. Die inneren wie die äußeren Erwerbungen der Krone wurden schon früh den seit dem 13. Jahrhundert entstehenden Verwaltungs- und Justizstrukturen unterstellt, deren Vereinheitlichung trotz zahlreicher Widerstände und Aufstände sich laufend vervollkommnete: So gelang es den Königen und ihren Dienern, die Ausbildung von eigenstaatlichen Strukturen und von autonomem politischem Bewußtsein in den Territorien zu verhindern. Die Niederwerfung des hohen Feudaladels wurde zugleich mit der Ausmerzung der im 16. Jahrhundert wiederaufgeflammten religiösen Spaltungstendenzen durch Richelieu und Louis XIV. vollendet. Die Revolution zerstörte die historischen, gewachsenen Einheiten vollends, die territorialen sowohl wie die gesellschaftlichen, die Provinzen wie die Zünfte; und die Aufhebung der Privilegien, die Gleichheit vor dem Gesetz, die Säkularisierung des Kirchenbesitzes, die straffe, einheitliche, zentralistische Verwaltung – Präfekten, Bischöfe, Bürgermeister, sämtlich von der Regierung ernannt – vollendeten unter Napoleon das tausendjährige Werk. In diesem Staat gab es keine Sonderrechte für die Völker und Stämme, die er sich einverleibt hatte: Schon im 16. Jahrhundert hatte die Verordnung von Villers-Cotterets das Französische zur allgemeinen Gerichts- und Verwaltungssprache gemacht – auf Kosten sowohl des Lateinischen wie des Okzitanischen. Die Rolle der von Richelieu geformten Akademie, des *Dictionnaire* und der Grammatik als Instrumente der staatlichen Zentralisierung ist bekannt. Ein König, ein Staat, eine Sprache: eine Nation. Der Nationbegriff der Revolution, welche die Nation an die Stelle des Königs setzte, ist ein durchaus voluntaristischer und politischer. Franzose ist, wer Franzose sein will, aber auch wer auf dem Gebiet des französischen Staats geboren ist. Der Bruch mit der einem staatsfremden Papst unterworfenen Kirche erklärt den Versuch der Gründung einer säkularisierenden Staats- und nationalen Ideologie; als Produkt des Staates muß die französische Nation die gewachsene, historische Fundierung durch eine letzthin totalitäre ideologische Zusammenbindung ersetzen. Die *Dictature des Lumières* ist zeitlich die Vorgängerin und geistig wie politisch die Mutter der Diktatur des Proletariats.

Trotz der Übersichtlichkeit und der klaren geographischen Einzeichnung der »natürlichen Grenzen« des französischen

Sechsecks (die nur im Norden der politischen Willkür entstammen) bleiben Staat und Nation im Bewußtsein von Herrschaft und Führung etwas Künstliches, stets Gefährdetes, das nur mit Anspannung aller Kräfte zusammengehalten werden kann. Um nur die jüngeren Zeiten zu betrachten: Das Gebilde Frankreich ist durch die blutigen, dreißig Jahre überdauernden Religionskriege zwischen 1560 und 1600, durch die *Fronde*, den letzten Aufstand des feudalen Hochadels während der Unmündigkeit Ludwigs des XIV., durch die girondistischen, föderalistischen Erhebungen und den schrecklichen Bürgerkrieg der Vendée, der mehrere hunderttausend Tote hinterließ, und durch die Bürgerkriege von 1848, 1871 und 1941/44 immer wieder in Frage gestellt worden. Das Bewußtsein der permanenten Gefährdung von Staat und Nation erklärt die leicht aufgeschreckte Wachsamkeit, mit der die jakobinisch gestimmten Staatsmänner und Politiker auf jeden Versuch reagieren, den einheitsstaatlichen Zentralismus aufzulockern. Der ehemalige Premierminister Michel Debré bei den Gaullisten wie der heute (1985) amtierende sozialistische Erziehungsminister Jean-Pierre Chévènement sind hervorragende Vertreter dieses republikanischen Jakobinismus. Dabei stünde die Bezeichnung »jakobinisch« im Grunde den Königen des *ancien régime* und ihren großen Ministern ebenfalls zu, da Louis XIV. und Colbert in diesem Sinne ebenso jakobinisch waren wie Robespierre oder Carnot; von Napoleon Bonaparte ganz zu schweigen.

Man sollte deshalb im Ausland, und besonders im befreundeten, verbündeten, assoziierten Ausland, in Deutschland, die Sorgen und Besorgnisse vieler Franzosen angesichts der sich seit zwei Jahrzehnten vollziehenden Entwicklung zur Dezentralisation mit einem gewissen Verständnis verfolgen. Auch kleine Minderheiten kleiner Völker können im gegenwärtigen hochtechnischen Zeitalter große Staaten in Unruhe, Unordnung, ja geradezu zur Lähmung bringen, besonders wenn die größeren Staaten eine demokratische Verfassung mit weitgehender Freiheit der Meinung und der Presse besitzen; solchen Staaten fällt es schwer, sich mit dem Einsatz von Mitteln zu verteidigen, die von einem beträchtlichen Teil der meinungsbildenden Öffentlichkeit verurteilt werden. Wenn die Abgabe bedeutender Entscheidungskompetenzen nach unten, an die Regionen und an die Départements (deren Beziehungen untereinander ebenfalls Kompetenzprobleme aufwerfen), zusammenfällt mit der Weitergabe anderer wichtiger Prärogativen an europäische Strukturen, dann wird der Nationalstaat Frankreich zusammenschrumpfen, er wird ausgelöscht. Werden aber damit nicht die Bürger um Sicherheiten, Garantien, Freiheiten gebracht, deren Eroberung und Festigung viele Generationen in Anspruch genommen haben? Der Interessenausgleich zwischen den europäischen Staaten, die Weitergabe ehemals nationalstaatlicher Kompetenzen an einen europäischen Bundesstaat vorwegnehmend, steht in einem gewissen Widerspruch zu der partiellen Aufhebung der nationalstaatlichen Strukturen, die bisher den Anprall der Sonderinteressen der Regionen mediatisiert hatten. Regionale Verwaltungen stehen dem Bürger näher, sie ermöglichen eine nützliche Pluralität, eine oft kreative Vielfalt innerhalb des auf Vereinfachung und Gleichmachung ausgerichteten Großstaates. Trotzdem ist die Frage berechtigt, ob und wie Frankreich seine historisch gewachsene Identität, die so sehr auf dem Zentralismus fußte, bei einer weiteren Dezentralisierung wird bewahren können. Im Frühjahr 1986 werden zum ersten Mal die Regionsräte im Proporzsystem direkt gewählt. Damit wird die Politisierung der Räte und das Legitimitätsbewußtsein ihrer Mitglieder ohne Zweifel zunehmen. Es ist bezeichnend, daß sich im Sommer 1985 der Premierminister veranlaßt gesehen hat, eine Verordnung über die Auslandsbeziehungen der Regionen herauszubringen, durch die Natur, Ausmaß und Modalitäten solcher Beziehungen festgelegt werden, und dies mit der klaren Absicht, die Herausbildung einer eigenen Außenpolitik der Regionen zu verhindern.

Die deutsche Geschichte ist eher umgekehrt verlaufen. Im Vergleich zu den meisten anderen europäischen Völkern ist die Staatswerdung Deutschlands auf einen Sonderweg geraten, den eigentlichen deutschen Sonderweg, der vielleicht auch das mitverursacht und heraufberufen hat, was in der deutschen Geschichtsschreibung der jüngsten Jahrzehnte so heftig diskutiert wurde. Dadurch, daß im 10. Jahrhundert die von Karl und Otto den Großen sowohl restaurierte wie neugeschaffene, also im wahren Sinne des Wortes erneuerte Kaiserwürde mit der des Königs über das Ostfrankenreich zusammengelegt wurde, erhielt die *Francia orientalis*, aus der allmählich Deutschland wurde, das Land, in dem die Sprache der »Leute« gesprochen wurde, eine über die normalen Aufgaben eines Volkes hinausreichende Aufwertung. Die beiden miteinander engverwebten Hauptfolgen waren die Verbindung mit Italien und – mehr am Rande von Geographie und Geschichte liegend – mit dem Königreich Burgund einerseits und andererseits, vom letzten Viertel des 11. Jahrhunderts an, der Konflikt mit der vom Papsttum neu geordneten und monarchisch strukturierten Kirche. Der Zahl der Einwohner nach wie auf wirtschaftlichem und kulturellem Gebiet war das hochmittelalterliche Deutschland sowohl dem Westfrankenreich wie Italien weit unterlegen, aber die politische und kriegerische Leistung der Ottonen und der ersten Salier machte aus dem weiten, auch im Rahmen der damaligen Verhältnisse noch mehr als halbbarbarischen »Deutschland« die allen anderen überlegene Vormacht. Gewiß war das Reich den anderen Monarchien bis zum frühen Tod Heinrichs des VI. bei zeitlich beschränkten Unterbrechungen (eine von diesen verhinderte den gebannten Kaiser, sich – wie es sich geziemt hätte – an die Spitze des ersten Kreuzzugs zu stellen) überlegen, aber seine Stärke reichte doch nie zu einem endgültigen Sieg, zur definitiven Errichtung der kaiserlichen Herrschaft in Italien, zur definitiven Einordnung des Westfrankenreichs, Frankreichs und seiner anderen kleineren westlichen, nördlichen und östlichen Monarchien in das Universalimperium, und über lange Zeit ebensowenig zur definitiven Eroberung, Christianisierung und Germanisierung der Gebiete zwischen Elbe, Oder, Weichsel und Memel. Die Kapetinger kannten keine andere Aufgabe als die, ihre Königsmacht auf ganz Frankreich auszudehnen; die deutschen Könige-Kaiser mußten die Kraft ihres Deutschlands außerhalb der deutschen Basis ihrer Machtstellung einsetzen und verbrauchen; um diese ungeheure Anstrengung während der dreihundert Jahre von 950 bis 1250 durchhalten zu können, mußten sie den Beistand, das Mitmachen der großen weltlichen und geistlichen Lehensträger mit der Preisgabe von Königsgut und Königsrecht bezahlen. In der deutschen Geschichte vollzieht sich die langsame Herausbildung der Staatlichkeit nicht als Herstellung eines zentralisierten Königsstaates auf Kosten der großen weltlichen Lehensträger und bei wachsender Unterordnung der Kirche, sondern in einer Aufteilung der Prärogativen und Kompetenzen als der Elemente der Staatlichkeit auf das König-Kaisertum und die Feudalherrschaften. Die Auflösung der Zentralmacht läuft parallel zur Verfestigung derselben in Frankreich: Zu dem Zeitpunkt, an dem Franz II. das deutsche Kaisertum für erloschen erklärt, steht in Frankreich die zentralisierende Monarchie mit Napoleon in ihrem Zenit. »Deutschland ist kein Staat mehr«, schreibt Hegel lapidar an den Anfang seiner Abhandlung über »Die Verfassung Deutschlands« (1797). Die Staatswerdung hat sich gesondert auf verschiedenen Ebenen und in zahlreichen getrennten oder nur lose zusammengefügten Territorien vollzogen. Die Pluralität der staatlichen Gebilde aber hat die Nationwerdung nicht verhindert. In Frankreich hat der Staat sich eine Nation geschaffen, in Deutschland – oder besser gesagt bei den Deutschen – hat die Pluralität der Staatlichkeiten die Einheit der Nation bisher nur durch Randabsplitterungen, durch die nationale Verselbständigung der Niederländer und die eigenartige Zwitterstellung der

Deutschschweizer betroffen. Die Erfahrung mit der Vielstaatlichkeit hat die nationale Identität der Deutschen in vieler Hinsicht eher sicherer gemacht als die Verankerung der französischen Nation im zentralisierten Einheitsstaat. In den heutigen drei deutschen Staaten gibt es, von kleineren Ausnahmen abgesehen – den Spreewaldsorben in der DDR und ein paar tausend Slowenen in Kärnten sowie noch weniger Kroaten im Burgenland –, keine festangesiedelten nationalen Minderheiten mehr, nichts, was mit Bretonen, Basken, Korsen vergleichbar wäre. Es gibt allerdings wie in Frankreich die neuen Minderheiten der Immigranten, vor allem der Gastarbeiter. Diese aber sind, von einigen Zusammenballungen in gewissen Stadtvierteln abgesehen, über das ganze Land verbreitet und verstreut; darüber hinaus sind sie im Prinzip provisorischer Natur: Sie sind entweder zur Rückkehr in ihre Heimat oder zur Assimilation bestimmt. Man kann sich allerdings fragen, ob diese normalen Bestimmungen heute noch unbeschränkt Geltung haben, ob die Fremden – arabisch-berberische Nordafrikaner in Frankreich, Türken in der Bundesrepublik – nicht infolge größerer Fremdheit, vor allem auf religiösem Gebiet, sowie durch politische und fundamentalistische Einwirkungen aus den Herkunftsländern länger in einer Sonderstellung verbleiben werden und langsamer, wenn überhaupt, in der französischen oder der deutschen Nation aufgehen werden. Hier wird bereits eines der großen Zukunftsprobleme beider Nationen angeschnitten, auf das später ausführlicher zurückzukommen sein wird.

Die Mehrheit der deutschen Staatlichkeiten ist eigentlich nur einmal, in der kurzen Spanne des nationalsozialistischen Machtrausches, unterbrochen und durch das großdeutsche Einheitsreich ersetzt worden. Von der Eingliederung der Sudetendeutschen bis zum Auftreten der ersten alliierten Truppen auf deutschem Boden sind wenig mehr als sechs Jahre verstrichen. Zuvor, selbst in der Weimarer Republik und noch mehr im Bismarckreich, war die Staatlichkeit auf Reich und Territorien verteilt, ganz abgesehen von den nicht zum Reich gehörenden Deutschen in der k. u. k. Monarchie, von den Deutschschweizern, den Luxemburgern, den deutschen Herrschaftsschichten in Livland, Kurland, Estland sowie den nicht unbeträchtlichen deutschen Minderheiten in Kongreßpolen, in Südrußland, im Kaukasus, an der Wolga, abgesehen auch von den Millionen Deutschen, die im 18,. 19. und beginnenden 20. Jahrhundert aus der deutschen Nation ausgeschieden und in die amerikanische eingetreten sind. Schon in der Blütezeit des alten Reichs im hohen Mittelalter, als die Königs-Kaiser-Macht noch stark war, unterbrachen Aufstände und Minderheitsansprüche unaufhörlich ihr normales Funktionieren. Neben den strukturellen Verschiedenheiten der deutschen und französischen Entwicklung im Hochmittelalter darf der »Zufall« der dynastischen Verhältnisse dabei nicht unterschätzt werden: in Frankreich vom Ende des 10. bis zum Ende des ersten Drittels des 14. Jahrhunderts eine ununterbrochene Erbfolge; in Deutschland der Wechsel von Sachsen, Saliern, Hohenstaufen bis zu deren Katastrophe nach 1250, und in den folgenden Jahrzehnten das Interregnum und kurzfristige Herrschaftszeiten schnell wechselnder Dynastien (acht zwischen 1273 und 1437). In Deutschland die entscheidend schwächenden Minderheitsherrschaften Ottos II., Heinrichs des IV. und Friedrichs des II.; in Frankreich mit der einzigen Ausnahme des heiligen Ludwigs die gesicherte Thronfolge erwachsener Söhne oder Brüder. Mußte hier die Wahl selbst des Sohnes immer wieder mit gewichtigen Konzessionen an die wählenden Großen erkauft werden, so konnte dort bereits Philippe Auguste zu Beginn des 13. Jahrhunderts darauf verzichten, den Nachfolger bei eigenen Lebzeiten auch nur krönen zu lassen. Der sich entfaltende Staat war jahrhundertelang klar und ohne Unterbrechung durch einen nie in seiner Legitimität angezweifelten Herrscher verkörpert: Von Hugues Capet bis zur Krise des beginnenden 15. Jahrhunderts gibt es in der französischen Geschichte keinen Gegenkönig, und der einzige nach dem Tod Karls des VI. ist ein Engländer, ein Fremder, dessen Niederlage durch Jeanne d'Arc und Karl VII. das leidenschaftliche Zusammengehörigkeitsbewußtsein der Nation zu einem ersten Höhepunkt bringt.

Die kleindeutsch-nationalistische Geschichtsschreibung hat die zentrifugalen Kräfte in der deutschen Entwicklung, die fortlaufende Entmachtung der Zentralgewalt, den deutschen Polyzentrismus stets mit negativen Vorzeichen versehen und darin keineswegs eine fruchtbare Dialektik zwischen Zentrum und Peripherie, zwischen dem Reich und seinen Territorien sehen wollen. Diese Betrachtungsweise hat sich mit einem fast terroristischen Ausschließlichkeitsanspruch durchgesetzt, noch heutige Formeln wie »die verspätete Nation« stammen aus diesem geistigen Horizont. Das zentralisierte Frankreich wurde als Feind angegriffen, aber als nationalstaatliches Modell bewundert. Dabei war die »kleindeutsche« Position ursprünglich eher auf der Linken angesiedelt: Sie wurde von den radikaldemokratischen Tendenzen des Vormärz als Teil der Absage an konservativ-reaktionäre, romantische Mittelalterverehrung mitgetragen; die Lebensläufe eines Sybel und eines Treitschke sind kennzeichnend. Sie illustrieren jene Nationalisierung eines großen Teils des deutschen Liberalismus, die nach 1849 allmählich einsetzt und sich dann zunehmend beschleunigt, eine Nationalisierung, die gleichzeitig eine Prussianisierung war. Die von Bismarck vollzogene kleindeutsche Einigung war in der Tat eine Unterordnung der anderen Staaten in einem Reich, worin Preußen tonangebend war, wenngleich dieser Prozeß einem Teil der Konservativen wie eine Selbstzerstörung des wahren Preußens erschien. Als christlich, konservativ, reaktionär waren diese konservativen Gegner Bismarcks im Grunde ganz logisch auch »großdeutsch«: Sie wollten Österreich als Hort des Konservativismus im Reich behalten und dieses als eine Art preußisch-österreichisches Kondominium organisieren. Und gerade wegen der Prussianisierung und der Nationalisierung im Sinne eines immer aggressiveren Nationalismus – und eben nicht des friedliebenden, nur von einem Ausgleich der Völker träumenden Nationalgefühls der Versammlung von 1848 – lehnte auch die äußerste sozialistische Linke die kleindeutsche Ideologie ab. Bebel und Liebknecht wollten ein demokratisches »Großdeutschland«, in dem von Österreich keine reaktionäre Gefahr mehr drohen konnte. In dieser Tradition standen später die österreichischen Sozialdemokraten, die 1918 und auch noch im Zweiten Weltkrieg für den »Anschluß« an eine demokratische deutsche Republik eintraten.

In der kleindeutschen Historiographie, die durch das national gesinnte Lehrerkorps im 19. Jahrhundert allgemein verbreitet und sozusagen banalisiert wurde, schwang natürlich auch der antirömische Affekt der Reformation mit. Am Papsttum, dem welschen, waren die deutschen Kaiser des Mittelalters gescheitert, Luther hat sie gerächt. Von Luther kommt, auf Luther fußt die eigentliche Nationalwerdung der Deutschen, die sich verhängnisvoll als religiöser und politischer Bürgerkrieg vollzog. An dieser Nationwerdung hatten die deutschen Katholiken keinen Anteil, sie mußten ihr gespaltenen Herzens gegenüberstehen, entweder als klare Gegner oder als Deutsche zweiter Klasse, die ihre Loyalität und ihren Patriotismus dauernd unter Beweis zu stellen hatten. Darum blieb die großdeutsche Geschichtsauffassung im bewußt katholischen Deutschland lebendig, sie bejahte eine supranationale Mission der Deutschen als Reichsvolk, glorifizierte das Mittelalter in seiner politischen wie in seiner gesellschaftlichen und kulturellen Gestalt, alle drei romantisch verschönt, wobei der Konflikt zwischen Kaisertum und Papsttum irgendwie marginalisiert werden mußte. Ein solches katholisch-romantisches Geschichtsbild, die katholisch-romantische Auffassung von der deutschen Nation, konnte auch ihrerseits zu Auswüchsen führen: Die Sondermission der Deutschen als Träger des Reiches konnte säkularisierend in einen nationalistischen Totalitarismus münden; ideologisch vollzieht sich dieser Schritt bei Fichte mit der metaphysischen Berufung der Deutschen als Urvolk, politisch bei Hitler mit seinem antikatholischen, säkularisierten Großreichkonzept.

*

Die nationale Bewegung der Deutschen am Ende des 18. und in der ersten Hälfte des 19. Jahrhunderts mußte unter dem Zwang der zeitgenössischen Erlebnisse auf die verklärte mittelalterliche Größe zurückblicken. So erhält sie früh eine bezeichnende antiaufklärerische Tendenz und Thematik. Das gewachsene Volk der Deutschen, zugleich Träger und Objekt eines mystischen Kults, stellt sich der von heute auf morgen mobilisierten französischen Nation, jener konkreten *volonté générale*, entgegen, die sich im gewaltsamen und gewaltigen Bruch mit der bisherigen Geschichte in der Revolution vollzieht. In dieser ereignet sich der Sieg des Lichtes – *des lumières* – über die mittelalterliche, »gothische« Finsternis. Frankreich ist die Heimat der Aufklärung und zumal der Revolution, die von den Deutschen, obwohl sie manche der Reformen positiv beurteilen, als imperialistische Fremdherrschaft erlebt wird. Den Antiokzidentalismus der frühen deutschen Nationalbewegung, wie sie von den Namen von Jahn und Arndt repräsentiert wird, klagt bereits Heinrich Heine mit furioser Behendigkeit an. Ihr Fahnenträger, Dichter und Held wird Richard Wagner mit seinem plüschsamtenen Kult des Mittelalters und der germanischen Frühzeit, seinem Frankreichhaß und seinem Antisemitismus. Daß der im Zentrumsgeist erzogene rheinische Katholik Konrad Adenauer den Gegensatz überbrükken konnte, in dem sich bis 1933 der deutsche Katholizismus zum laizistisch-freidenkerischen, freimaurerischen Westen befand, dessen Demokratiestrukturen doch direkte Erben der Aufklärung sind, gehört gewiß in die europäische Gesamtgeschichte der christlichen Demokratie. Den Syllabus hinter sich lassend, als wäre er nie geschrieben und veröffentlicht worden, proklamieren die neuen christdemokratischen Ideologen und Staatsmänner die Aussöhnung zwischen Katholizismus und Demokratie. Aber im deutschen Zusammenhang nimmt diese Versöhnung eine ganz eigenartige Bedeutung an.

## *Ancien régime und Jakobinismus*

Obgleich das *ancien régime* in Frankreich den Zentralismus begründet und systematisch durchgeführt hatte, wurde er ähnlich, wie jenseits des Rheins das deutsche Mittelalter, von den Ideologen des christlich-romantischen Konservativismus nach 1815 zu einem System verklärt, in dem die territorialen und gesellschaftlichen Autonomien sich kollektiv entfalten konnten. Daß die Jakobiner und Napoleon nur das Werk der Könige weitergeführt hatten, wurde gerne übergangen oder kleingeschrieben. In der konkreten Politik spielten diese Tendenzen nur Randrollen, erst nach der Niederlage von 1940 geriet die Wiederherstellung der alten gewachsenen Einheiten, der Provinzen, in das Vokabular des Vichy-Systems oder zumindest seiner typischsten Vertreter, die aus jener Schmollecke stammten, wo das katholisch-konservative retrovertierte Element unermüdlich seine Kritik an der Moderne überhaupt und an der Republik im besonderen in geistiger Inzucht immer wieder neu formulierte. Die harte, realistische Rechte, der Besitz und Ordnung als höchste Werte galten, hielt von solchen historischen Träumereien wenig; und weil sie antijakobinisch fundiert war und sich mühte, hinter das *ancien régime* der absoluten Monarchie und auf die Zunftordnung und die feudalen Lehensbeziehungen zurückzugreifen, wurde die Idee der Dezentralisierung auch vom größten Teil der französischen Linken abgelehnt. Die Girondisten hatten auf der Linken wenig Nachkommenschaft; den starken Einheitsstaat wünschte man in Frankreich ebensowohl zur Verhinderung wie zur Durchführung der Sozialrevolution. Gewichtige Ausnahmen gab es auch hier. Unter den Ideologen war ohne Zweifel Proudhon, den man als den geistigen Urgroßvater der *autogestion* (Selbstverwaltung) erkennen kann, der gewichtigste. Von Proudhon wie von anderen »idealistischen« Sozialisten, aber auch von Anarchisten vom Schlage Bakunins beeinflußt, wollten die Kommunarden im Jahre 1871 den Staat in autonome, sich selbst bestimmende Kommunen auflösen. Die wahnsinnige Angst, die *la commune* allen Besitzenden einflößte, die Wut, mit der die den Frieden um jeden Preis suchenden Bürger und Bauern den kriegerischen Patriotismus der Kommunarden als verbrecherischen Wahnsinn abtaten, wandte sich sicherlich auch gegen deren extreme Vorstellungen von der Dezentralisierung. Die Bürger und Bauern standen dabei unter dem Einfluß der Propaganda gegen die *partageurs*, also jene, die alles aufteilen und gleichmachen wollen. (Diese Propaganda hatte schon 1848 die Bauernmassen im Dienste von Adel und Besitzbürgertum gegen die Pariser Arbeiter mobilisiert, so daß die ländlichen Wähler nach der gewollt blutigen Niederschlagung des Arbeiteraufstandes vom Juni 1848 im Dezember desselben Jahres für Louis Napoleon stimmten und so den zweiten Bonaparte – der obendrein ein falscher war – zum Präsidenten der Republik machten.) Auch fürchteten die Provinzhonoratioren, die in der Nationalversammlung von 1871 eine immense Mehrheit hatten, die Hauptstadt als Brutstätte von Revolution und Immoral. Paris war das ganze 19. Jahrhundert hindurch links; erst mit dem Aufsteigen des neuartigen, plebeisch-antidemokratischen, antisemitischen Nationalismus von rechts nach 1880 sowie der Abwanderung der Arbeiter in die Vorstädte (ein gutes Drittel der Arbeiter war und bleibt sowieso bei der politischen Rechten) erhält die Stadt Paris eine rechte Mehrheit, die sie bis heute bewahrt, wenn auch die Parteinamen sich im Laufe eines Jahrhunderts verändert haben. Das Mißtrauen gegen Paris, ihre eigene provinzielle Verankerung, die Abneigung gegen den plebiszitären Bonapartismus brachten die Nationalversammlung von 1871 ihrerseits dazu, die Provinz, das »tiefe Frankreich«, die mehr als 37000 ländlichen Gemeinden in die neuen Strukturen einzubauen, die sie dem geschlagenen

Land gab. Der Regierung ging die Ernennung der Bürgermeister verloren; die Honoratioren trauten sich zu, das allgemeine Stimmrecht im Dienste ihrer Ideen und ihrer Interessen zu mediatisieren. In den Departements wurden die Generalräte, *conseils généraux*, ebenso wie die Gemeinden nur mit beschränkten Kompetenzen ausgestattet; aber mit allgemeinem Stimmrecht gewählt und ihren Präsidenten selbst bestimmend, konnten die *conseils généraux* durchaus ein politisches Gegengewicht gegen den von der Regierung ernannten Präfekten bilden, der auch Vormundschaft über die Gemeinde ausübte. Gemeinderäte und Generalräte aber bilden zusammen die Wählerschaft, von der die Mitglieder der Ersten Kammer, der Hohen Versammlung, des Senats, gekürt werden, die den Zunamen eines Großrats der Gemeinden Frankreichs führt und damals (nur bis 1940) die gleichen Rechte besaß wie die Abgeordnetenkammer. Frankreich war noch weitgehend ein Agrarland, in dem die Städte insgesamt sehr viel weniger »Groß-Wähler« zur Senatorenwahl stellten als das flache Land. Oft kumulierten die Bürgermeister der größeren Städte und die Präsidenten der Generalräte diese Mandate mit dem eines Abgeordneten oder Senatoren im Zentralparlament. So entstand ein System, das die Aufrechterhaltung des starken, überzentralisierten Nationalstaats mit der Berücksichtigung der lokalen Interessen verband.

Das System erwies sich als äußerst stabil und entwicklungsfähig. Große Teile davon sind noch heute im Gebrauch. Die Herrschaft der Hauptstadt, auf die das gesamte Straßen- und Eisenbahnnetz ausgerichtet war, die das Kulturleben der Nation weitgehend monopolisierte, lastete weiter auf der Provinz, aber sie wurde ausgeübt durch Provinzler, die nach Paris »hinaufstiegen«. Der Titel eines berühmten Buches der vierziger Jahre, »Paris und die französische Wüste – *Paris et le désert français*«, war gewiß übertrieben, aber doch im wesentlichen nicht unzutreffend. Noch heute haben 40% aller französischen Aktiengesellschaften ihren Sitz in Paris. Bis vor wenigen Jahrzehnten kreiste die Karriere aller Beamten und insbesondere der Mittelschullehrer und Universitätsprofessoren in immer engeren Zirkeln um die Hauptstadt, um dort die erwünschte, krönende Vollendung zu finden. Obgleich die Urbanisierung im allgemeinen langsamer vor sich ging als in Deutschland, so daß es in Frankreich 1939 kaum mehr als zehn Städte mit 100000 Einwohnern gab – gegen fast sechzig in Deutschland –, übte Paris eine in Deutschland unvorstellbare Diktatur über alle Aspekte des französischen Lebens aus. Aber auch in dieser Hinsicht spielte sich ein eigenartiges Gleichgewicht ein: Ein großer Teil der Einwohner der Hauptstadt blieb dem Herkunftsort, der Herkunftsprovinz verbunden, unterhielt den Familienzusammenhang, bewahrte einen Anteil an Grund und Boden; viele zogen sich für den Lebensabend dorthin zurück oder träumten zumindest davon. Als 1936 die große Masse der Lohnempfänger in den Genuß bezahlten Urlaubs kam, ergoß sich der größte Fluß der Ferienreisenden in die Herkunftsorte – zusammen mit der nach dem Zweiten Weltkrieg schnell zunehmenden Motorisierung haben die *vacances* die Verbindung der Großstädter (auch aus den alten und neuen Provinzgroßstädten, die sprunghaft anwuchsen, als nach 1945 die Urbanisierung massive Fortschritte machte) zu den Heimatorten verstärkt und erneuert. Das für Frankreich so typische Phänomen der *résidence secondaire*, der Zweitwohnung, gehört zum großen Teil in diesen Zusammenhang. In den ländlichen Gemeinden gibt es heute mehr Zweitwohnungen als Agrarbetriebe. In Deutschland ist die Bindung an den Herkunftsort einmal durch das viel ältere Anwachsen der Großstädte und zweitens durch die Vertreibungen von 1945/46 sowie durch die Flucht aus der DDR weithin unterbrochen worden. Die ausdauernde Stärke der Verwurzelung in der Provinz konsolidiert die Einheit des Staates und der Nation. Ich selbst bin wie viele meiner Bekannten nicht in Paris in die Wählerliste eingetragen, wo ich neun Monate des Jahres lebe, sondern in dem kleinen Auvergne-Dorf, wo unser Landhaus steht. Dort kann meine Stimme bei der Wahl des Dorfbürgermeisters eine wichtige Rolle spielen. Millionen von Franzosen sind in zwei verschiedenen Provinzen, auf dem Lande und in der Großstadt, »zu Hause«. Dies ist ohne Zweifel ein wichtiger Grund dafür, daß sich seit zwanzig Jahren eine zunehmende, wiewohl noch immer beschränkte Dezentralisierung gegen den Widerstand der Anhänger der jakobinischen Tradition durchsetzen konnte. Im Frühjahr 1986 werden zum ersten Mal die 1964 geschaffenen Regionalräte der 22 Regionen von allen Staatsbürgern direkt gewählt werden, und nicht mehr wie zuvor von den Departementsparlamenten. Mit der Legitimation des allgemeinen Stimmrechts versehen, werden die Regionalräte und besonders ihre Präsidenten sich bemühen, ihre Kompetenzen zu erweitern, und dies besonders auf allgemeinpolitischem und außenpolitischem Gebiet. Ernsthafte Konflikte zwischen Region und Staat hat es bisher nicht gegeben. Dazu hat beigetragen, daß unter Präsident Mitterrand als erste größere Reform die Vormundschaft und Kontrollfunktionen der Präfekturen über Gemeinden, Departements und Regionen eingeschränkt und zum Teil ganz aufgehoben wurden. Das bedeutet, daß sich auf der Linken in Frankreich seit 1945 eine bedeutsame Wandlung vollzogen hatte: Die Gleichung Jakobinismus = Linke gilt nicht mehr mit dem alten absoluten Anspruch. Neue Demokratievorstellungen in der Tradition von Proudhon breiten sich unter dem Schlagwort *autogestion* aus. Diese ist im Grunde gleichbedeutend mit dem alten Subsidaritätsprinzip der katholischen Soziallehre. Weniger Staat, weniger Herrschaft, dafür Selbstverwaltung, Selbstentscheidung im politischen, im wirtschaftlichen, im kulturellen Bereich – das sind Forderungen einer neuen Linken, die sich in der Dezentralisierungsgesetzgebung verwirklichen, welche nach 1981 auf den von de Gaulle, Pompidou und Giscard d'Estaing geöffneten Bahnen beschleunigt fortgesetzt wird. Von hier aus führen Vergleichsmöglichkeiten zu den deutschen Ökologisten und zu den »Grünen«, die in Frankreich bisher nur eine sehr bescheidene Rolle spielen; man kann andererseits feststellen, daß der Ruf »Weniger Staat, mehr Selbständigkeit« auch die Forderungen eines bedeutenden Teils der französischen Rechten ausdrückt, hier allerdings vor allem im Hinblick auf die Betriebe und die Unternehmer ...

*Ein neues Gleichgewicht*

Tendiert Frankreich auf ein neues historisches Gleichgewicht zwischen Zentralstaat und lokaler, departementaler und regionaler Selbständigkeit hin? In der Bundesrepublik schien ein solches Gleichgewicht mit dem Grundgesetz von 1949 und seiner besonnenen Anwendung weitgehend schon seit Jahrzehnten erreicht. Die Problematik des Föderalismus, die nach 1945 zunächst in der öffentlichen Diskussion einen so großen Raum in Anspruch nahm, ist praktisch von der Traktandenliste der wichtigen Angelegenheiten verschwunden; das Verhältnis der Länder zum Bund wird trotz des infolge des Auftauchens neuer Fragen, die eine zentrale Antwort erheischen, wachsenden Übergewichts der oberen Ebene durch die Machtstellung der Länder im Bundesrat, also auf der Bundesebene, im Gleichgewicht gehalten, und dazu trägt auch die in der Verfassung nicht eigentlich vorgesehene, aber aus der Praxis entstandene Möglichkeit von Staatsverträgen zwischen den Ländern bei. Dies hat sich ähnlich auch im deutsch-französischen Verhältnis eingeführt, wo turnusmäßig der Ministerpräsident eines Landes der deutsche Bevollmächtigte für Gespräche und Verhandlungen mit dem nationalen französischen Erziehungsminister ist, eben weil es im Erziehungsressort keinen bevollmächtigten Bundesminister gibt. Die Ausgewogenheit und Effizienz des nun seit vierzig Jahren funktionierenden Systems der Bundesrepublik wirft die Frage auf, ob es bei steigender Bedeutung der französischen Regionen nicht in einer passenden Form nach Frankreich übertragen werden sollte. Wie in Deutschland werden auch in Frankreich nicht alle Regionen dieselbe politische Couleur haben wie die Zentralregierung: Wenn heute bereits eine Mehrheit der Regionalräte fest von der Rechtsopposition beherrscht werden – und dies wird sich im großen und ganzen auch nach den Direktwahlen im kommenden Frühjahr bestätigen –, so darf man doch annehmen, daß wenigstens fünf oder sechs der 22 Regionen in den Händen der Linken bleiben werden. Die deutsche Erfahrung zeigt, wie wertvoll es ist, wenn dank der Existenz von Länderregierungen die Opposition nicht gänzlich von Regierungserfahrung und Regierungsverantwortlichkeit ausgeschlossen bleibt. In Frankreich waren dagegen 1981 fast alle sozialistischen Minister Regierungsneulinge – die Herrschaft der Rechten hatte immerhin 22 Jahre gedauert (bei den »Rechten« gibt es die Schwierigkeit, de Gaulle und zumindest einen Teil der Gaullisten schlechtweg auf der politischen Rechten festzulegen). Die Demokratie braucht sowohl Wandel wie Kontinuität; im Grunde und unter normalen Umständen muß sie alle Radikalen und Extremisten mit undemokratischem, das heißt untolerantem politischen Stil von der Regierungsfähigkeit ausschließen. Der Wechsel ist nur zwischen Kräften und Persönlichkeiten tragbar, die zu einer fundamentalen Solidarität, zu einem Grundkonsens mit Gegnern und Rivalen, bereit sind. Das System des Grundgesetzes der Bundesrepublik fördert eine derartige demokratiegerechte Auffassung von Alternanz. Aus diesem Grunde, wegen der extremistischen, untoleranten, von der Überzeugung, die Wahrheit alleine zu besitzen, gezeichneten Haltung eines Teiles der »Grünen« stößt deren Eingliederung in dieses System auf so große Schwierigkeiten, und ähnlich steht es in Frankreich mit den Kommunisten, wie es der Versuch Mitterrands, sie an der Regierung zu beteiligen, zwischen 1981 und 1984 gezeigt hat, und das gleiche gilt für die plötzlich aufgeschossene rechtsradikale *Front Nationale*, die für die demokratische Rechte kein Partner sein kann oder sein dürfte. Gewiß gibt die Kompetenzteilung zwischen Bund und Ländern auch oft Gelegenheit zu Überschneidungen oder Versagen; der Skandal mit den österreichischen Weinen hat es jüngst wieder gezeigt. Aber auch die zentralistischen Staatsdienste sind von solchen Fehlleistungen keineswegs frei – als Beispiel mag hier das stümperhafte Versagen des französischen Nachrichten- und Sicherheitsdienstes in der Angelegenheit des Greenpeace-Schiffes in Neuseeland zitiert werden. Das Länder- Bund-System scheint auch dem deutschen Nationalbewußtsein keineswegs zu schaden, und das Nord-Süd-Verhältnis hat durch die massiven Bevölkerungsbewegungen und die gemeinsame Großgeschichte mit denselben Verlusten, Belastungen und Erfolgen – im großen gesehen – einen großen Teil seiner internen aggressiven Spannungen verloren.

*De Gaulles nationale Restauration*

Die fast religiöse, hochemotionelle Verehrung von Staat und Nation, auf der Charles de Gaulles politische Überzeugung und sein politisches Weltbild fundierten, haben mit dem von ihm vor fünfundzwanzig Jahren erdachten eigenartigen System der Wahlmonarchie dem französischen Nationalstaat neue Lebenskraft eingeflößt. Der starke Staat, der in de Gaulles Augen durchaus ein demokratischer Rechtsstaat zu sein hatte, in dem das Volk demokratisch den Monarchen auf Zeit wählt, der aber dann sowohl regiert wie herrscht, da die Minister nur ausführende Organe seines Willens sind, hat sich gerade bei dem historischen Wechsel von 1981 bewährt. Mitterrand, der de Gaulles Verfassung scharf und kontinuierlich bekämpft hatte, wandte sie nach seiner Wahl mit genüßlicher Kongenialität an. De Gaulle und seine Nachfolger haben aber trotz der staatsrestaurativen und nationalbewußten Grundtendenz des Systems drei Entwicklungen nicht verhindern können oder verhindern wollen, ja sie sogar hie und da begünstigt, aber auch retardierend gebremst, die dem Prinzip des Nationalstaats und seinem Großmachtsanspruch entgegengesetzt sind: die Dezentralisierung im Inneren, den europäischen Zusammenschluß nach außen und die Entkolonialisierung auf der weltpolitischen Ebene. Mit diesem letzten Punkt berühren wir einen wesentlichen Unterschied in der deutschen und französischen Nationalgeschichte: Von dem kurzlebigen, irgendwie wie Imitation erscheinenden deutschen Kolonialbesitz zwischen 1884 und 1914/18 abgesehen, wecken die Worte »Kolonisierung« und »Kolonialdeutschland« die Erinnerung an die ethnische, politische, sprachliche und kulturelle Germanisierung der Gebiete zwischen Elbe und Memel im Mittelalter, also die Ostkolonisation. In Frankreichs Geschichte bezeichnen die gleichen Worte die koloniale Vergangenheit, also die zwei Kolonialreiche, die zwischen dem 16. und dem 20. Jahrhundert erworben und verloren wurden – Erwerb und Verlust des zweiten von 1830 bis 1962 gehören, zumal was Algerien angeht, zur jüngsten, noch von Zeitgenossen in der Endphase miterlebten Geschichte. Die Folgen sind noch präsent. Zunächst durch die noch vorhandenen Überreste, die D. O. M. und T. O. M. – *Départements* und *Territoires d'Outre Mer* –, die für Frankreich außereuropäische Möglichkeiten, Verpflichtungen und Einsätze bedeuten – oft durchaus fragwürdige, wie die neuesten Entwicklungen in Neukaledonien bezeugen, manchmal von großer strategischer Wichtigkeit, so die Atomwaffenversuchsstation in Polynesien. Weiterhin in den verschiedenen Formen neokolonialen oder postkolonialen Engagements: mit privilegierten Beziehungen politischer, handelspolitischer, finanzieller und kultureller Natur, mit Militärstützpunkten und militärischen Schutzverträgen, mit verhältnismäßig bedeutenden Beiträgen zur Entwicklungshilfe, die oft die Voraussetzung für die Stabilität der in ehemaligen Kolonien an die Macht gekommenen Gruppen und Persönlichkeiten bilden. An diesem postkolonialen Klientelsystem sind auch ehemalige Gebiete des zum Ende des 18. Jahrhunderts verlorenen ersten Kolonialreichs beteiligt, darunter Mauritius und die Seychellen; ehemalig britische, belgische und portugiesische Kolonien haben sich dazugesellt. In anderen Fällen ist die Beziehung komplexer, manchmal sogar eigenartig, so im Verhältnis zu Algerien oder auch zu Vietnam. Für die französische Nation ist diese vielgestaltige Erbschaft ein konstitutives Element ihres Selbstverständnisses: Die gemeinsame Sprache, auch wenn sie nur Staats- und Bildungssprache und nicht Umgangssprache der Massen ist, bildet die Grundlage einer kulturellen Interessengemeinschaft, die sich als Block und Lobby bei der UNO mobilisiert und besonders in der Unesco wirksam ist. So begrenzt die Mittel Frankreichs sind, die Folgen der von de Gaulle nach zwei blutigen, kostspieligen und politisch katastrophalen, in Niederlagen endenden Kolonialkriegen in Indochina und Algerien fast schlagartig vollzogenen Entkolonialisierung bewahren Frankreich eine Stellung als »Kleinweltmacht«, erhalten ihm zahllose außereuropäische Interessen und fesseln es an diese.

Sowenig wie den Notwendigkeiten der Entkolonialisierung konnte sich der klarsichtige Geist de Gaulles denen der Dezentralisierung und des europäischen Zusammenschlusses verschließen. Der Realist in ihm stand dabei in lebenslangem dialektischen Konflikt mit dem romantischen Träumer, dem Liebhaber der schönen Dame Frankreich. So versuchte er dem Widerspruch zu entkommen, indem er die Konzessionen an eine Wirklichkeit, in der Frankreichs Gewicht und Größe schrumpften, zur Wiederherstellung der alten Größe auf neuen Wegen und in neuen Formen benutzen wollte. Dabei wurde seine staatsmännische Größe zur Tragik. Am Versuch, die Dezentralisierung gleichzeitig durchzuführen und einzufangen, scheiterte 1969 seine Herrschaft überhaupt; die Mehrheit der Nation verstand weder die Bedeutung der mit neuen Kompetenzen ausgestatteten Regionen noch die des neuen Senats, der die Vertretung der Regionen mit jener der Sozialpartner und der anderen großen Verbände des Wirtschafts- und Kulturlebens ausgleichen wollte. Nach dem epochalen Entschluß, die Verwirklichung des Gemeinsamen Markts nicht zu verhindern (1959), setzte sich de

Gaulle jedem weiteren Fortschritt auf dem Wege der europäischen Einigung entgegen, der nicht zu einer Unterordnung der Partner unter die französische Führung geführt hätte. So brachte er den Fouchet-Plan zu Fall, so wollte er den deutsch-französischen Vertrag von 1963 zu einem Druckmittel auf die anderen europäischen Partner machen. So entschloß er sich, dem Beitritt Großbritanniens zuzustimmen, um jede weitere Entwicklung zur supranationalen Integration definitiv abzudrosseln. Die innere Dynamik der Entkolonialisierung, der Dezentralisierung und der europäischen Einigung aber lief weiter. Fünfzehn Jahre nach de Gaulles Tod steht ihnen der größte Teil der veröffentlichten Meinung und der politischen Klasse mit denselben widersprüchlichen Ansichten und Gefühlen gegenüber. Der überholte Nationalstaat hat ein zähes Leben. Der außen- und verteidigungspolitische Konsens, der in Frankreich zur Verwunderung der meisten deutschen Beobachter, und bei einigen zu deren Entrüstung, besteht, beruht auf den nicht ausgetragenen Widersprüchlichkeiten und Halbheiten der de Gaulleschen Formeln, in die immer mehr Vorstellungen und Absichten eingebaut werden, die denen des Generals diametral entgegengesetzt sind. Aber die meisten Politiker glauben auch heute, nicht ohne die Ehrerbietung, die de Gaulle mit dem Gebrauch des Vokabulars der nationalen Unabhängigkeit bezeugt wird, auskommen zu können – soweit sie nicht gar den Inhalt dieses Vokabulars für wahr halten. Die real praktizierte Politik ist dann oft die entgegengesetzte, aber sie muß sich sozusagen gaullistisch verkleiden. Die wenigsten Politiker wagen über den Schatten der *indépendance nationale* zu springen oder den Wählern zu sagen, daß dies nicht nur theoretisch oder oratorisch notwendig wäre, sondern Voraussetzung für das persönliche und das kollektive, das nationale Weiterexistieren sei. Die innere Brüchigkeit der französischen Außen- und Verteidigungspolitik ist seit vierzig Jahren eine der wichtigsten Gegebenheiten Europas. An ihr ist 1954 die Europäische Verteidigungsgemeinschaft gescheitert; sie hat 1965 den Austritt

Frankreichs aus der integrierten militärischen Organisation des atlantischen Bündnisses hervorgerufen, deren negative Folgen zum Teil, aber eben nur zum Teil, durch mehr oder minder geheimgehaltene Kooperationsabkommen ausgeglichen wurden; sie läßt Frankreich immer wieder einerseits die unabhängige nationale Atomrüstung, andererseits die Solidarität mit den Verbündeten betonen, ohne letztere in die Form eines festen, bedingungslosen und automatischen Engagements zu kleiden; sie hat 1985 zur Ablehnung der amerikanischen strategischen Verteidigungsinitiative geführt sowie zu der als Gegenprojekt konzipierten Eureka-Initiative, obgleich von vornherein sicher war, daß die europäischen Partner in diesem lebenswichtigen Feld sich nicht auf ein Entweder-Oder festlegen lassen würden, zu dem Frankreich auch selbst gar nicht fähig ist, denn auch seine Industrie kann auf den technologischen Anschluß an die amerikanische Star-war-Dynamik absolut nicht verzichten. Der den Konflikt nicht scheuenden, ja ihn mitunter gerne suchenden Bündnistreue im Verhältnis zu Amerika (eine der jüngsten Gelegenheiten hierzu bietet Nikaragua) entspricht die immer wieder aktivierte Bemühung, zu einer positiven Sonderbeziehung zur Sowjetunion zu kommen. Hierfür können in neuerer Zeit Beispiele wie das Treffen Giscard d'Estaings mit Breschnew in Warschau nach dem sowjetischen Einmarsch in Afghanistan, die französische Nichtbeteiligung am Boykott der Olympischen Spiele in Moskau oder die Befriedigung über Gorbatschows Besuch in Paris noch vor seinem Treffen mit Ronald Reagan zitiert werden; während auf der anderen Seite der zielbewußte Eintritt Mitterrands für die atlantische Nachrüstung, insbesondere seine Rede vor dem Bundestag zugunsten der Aufstellung der Pershing II in der Bundesrepublik, die Grenzen zeigen, auf die die französische Ostpolitik stößt und an denen sie sich stößt. Man will und kann auf die eigene nationale Außenpolitik nicht verzichten, aber man kann sie auch nicht zum Erfolg führen. Was auch unternommen wird in Richtung auf mehr atlantische Solidarität und europäische Einheit oder im Sinne der *indépendance nationale*, bleibt so in Halbheiten stecken. Der Nationalstaat steht seinen eigenen Zwecken im Wege, aber ohne einen heftigen historischen Anstoß oder das Auftreten einer überraschenden politischen Persönlichkeit, die die Aufhebung des Nationalstaats im doppelten Sinne des Wortes zu ihrer selbstgewählten Aufgabe macht, erscheint keine politische und gesellschaftliche Kraft in der Lage und willens, Frankreich aus seinem tiefinneren Widerspruch hinauszuführen, einem Widerspruch, der einen großen Teil der Anstrengungen des Staats und seiner Bürger zur Wirkungslosigkeit verurteilt, schon weil Geld und Energien nicht ausreichen, um gleichzeitig zwei entgegengesetzte politische Wege zu verfolgen.

### *»Nation française« und Frankophonie*

Es gibt außerhalb Frankreichs Bevölkerungen, die französisch sprechen und sich selbst als eine von Frankreich verschiedene Wirklichkeit ansehen. Das Wort »Wirklichkeit«, *réalité*, drückt die Schwierigkeit aus, für die französisch sprechenden Belgier, Schweizer und Kanadier eine angemessene Bezeichnung zu finden. Weder »Staat« noch gar »Nation« oder »Volk« treffen als Begriffe auf sie zu. Während die Welschschweizer sich als Schweizer fühlen und wohlfühlen, stehen Wallonen und frankophone *Bruxellois* (die große Mehrheit) in einer antiflämischen Abwehr, die sie von der einst problemlosen Identifizierung mit dem früher von ihnen beherrschten Staat Belgien wegführt. Daß dieser Staat jung ist, erst 1831 entstanden, spielt dabei für die Frankophonen wie für die *Néerlandophones*, die Flamen, eine gewisse Rolle. Die *Québécois* wiederum fühlen sich, seit Frankreich 1763 Kanada an England abtrat, als bedrängte Minderheit, die indes das Zugehörigkeitsgefühl zu dem einstigen Mutterland seit vielen Generationen verloren hat. Das Frankreich der Revolution und was auf diese folgte, war ihnen schon fremd. Wie ihre spezifische Lage auch sei, weder *Vaudois* oder *Genevois* noch *Bruxellois* und *Wallons*, noch *Québécois* rechnen sich zur französischen Nation. Um mit ihnen einen gemeinsamen Horizont zu haben, wurde der Begriff »Frankophonie« geschaffen, der, von der Sprache ausgehend, eine kulturelle Gemeinsamkeit postuliert. Belgien und Kanada gehören zu den Mitgliedern der *Agence de coopération culturelle et technique*, die eine Art von frankophoner KleinUnesco darstellt. Die Existenz dieser Volksgruppen bedeutet aber keineswegs, daß die französische Nation geteilt, gespalten wäre. Wallonen und Welschschweizer haben mit Frankreich keine gemeinsame Geschichte gehabt, wenn man von der Merowinger-Karolinger-Zeit und, 1000 Jahre später, von den kurzen Jahren der Revolutionsherrschaft absieht. Die Isolierung Quebecs dauert schon mehr als 200 Jahre. Die Spaltung der Nation ist in Europa heute kein französisches, sondern vornehmlich ein deutsches Problem.

*

Das Einzigartige an der gegenwärtigen deutschen Spaltung liegt in der Verschiedenheit der gesellschaftlichen Systeme und ihrem ideologischen Überbau, den *wir* lieber ideologische *Fundierung* nennen würden. Selbst die religiöse Trennung des 16. Jahrhunderts hatte die Einheit der deutschen Nation, hatte das Gefühl des Zueinandergehörens nicht aufgehoben, wie sich in der Reichstreue vieler protestantischer Stände ausdrückte und in deren aktiven Teilnahme an den Kämpfen gegen die Türken und die Franzosen – mit einigen Ausnahmen; besonders Frankreich hatte es immer leicht, deutsche Verbündete zu gewinnen und zu honorieren. Im katholischen wie im protestantischen Deutschland blieben die großen Strukturen des gesellschaftlichen und wirtschaftlichen Systems unverändert. Auch der Ausschluß der deutschen Landteile der Habsburger-Monarchie aus dem Prozeß der deutschen Einigung berührte die tiefe Einheit der Nation kaum. Die Verbindungen blieben eng, Grenzkontrollen gab es vor 1914 so gut wie keine. Professoren und Studenten wechselten leicht von Innsbruck oder Graz oder Prag – die alte Universität war seit der Gegenreformation wieder deutsch – auf die Hochschulen »im Reich«. Auch nach dem Anschluß und seiner Annullierung 1945, nach vierzigjähriger Wiederherstellung der eigenen Staatlichkeit bleibt Österreich ein deutsches Land, und nur Fanatiker oder Opportunisten können von einer österreichischen Nation sprechen. Hingegen gibt es in Österreich heute ohne Zweifel ein spezifisches Gefühl und Bewußtsein (beides bei jedem Österreicher in personspezifischer Mischung) davon, daß man zusammen zu einer eigenen und eigenartigen Wesenheit, zu einer staatlichen Gemeinschaft gehört. Das war in der Ersten Österreichischen Republik ganz anders, die der großen Mehrheit ihrer Bürger als eine ungewollte Notlösung erschien. Anders war es auch vor 1918 in der Monarchie bestellt, wo die Staats- und Kaiserloyalität natürlich ganz andere Mitklänge besaß, je nachdem ob sie von Deutschen oder von Menschen anderer, weniger privilegierter Nationalität getragen wurde, und bei den Deutschen gab es eine wachsende Minderheit, die von diesem Staat nichts wissen und sich einem großdeutschen Nationalstaat einverleiben wollte. Die diesbezüglichen Entwicklungsphasen sind sehr kurz gewesen, die Doppelmonarchie hatte 51 Jahre lang Bestand, die Erste Republik fünfzehn, der christliche Ständestaat fünf, die Zugehörigkeit zu Hitlers Großdeutschem Reich sieben Jahre, die Zweite Republik bisher vierzig Jahre. Keiner der beschriebenen Gefühls- und Bewußtseinszustände, auch der gegenwärtige, konnte und sollte deshalb mit dem Prädikat eines auch nur provisorischen Definitivums versehen werden. Ein ganzer Teil der heute noch lebenden Österreicher war mit der Zugehörigkeit zum Großdeutschen Reich sehr zufrieden gewesen oder hätte sich damit abgefunden, wenn das Reich Hitlers nicht zusammengebrochen wäre. Die sich seit 1866 vollziehende Abtrennung der Deutschen in Österreich von der deutschen Nation ist, soweit und wann sie wirksam wurde, eine politische gewesen; die kulturelle Zusammengehörigkeit, die kulturelle Einheit und Gemeinsamkeit haben nie aufgehört zu bestehen; Schriftsteller, Wissenschaftler, Schauspieler, Musiker wechseln von Posten und Aktivitäten in einem der deutschen Staaten mit Selbstverständlichkeit an solche in dem anderen. Dies gilt natürlich ebenfalls für die deutschsprechende Schweiz, über die ähnliche Überlegungen anzustellen wären, im Rahmen einer viel älteren Spezifität. Vor allem ist auch das Sozial- und Wirtschaftssystem in Österreich und in der Bundesrepublik dasselbe, so wie dies zwischen 1866 und 1933 in Österreich und im Deutschen Reich der Fall war. Die doppelte Folgerung, die aus dem Beispiel Österreich für die deutsche Frage zu sehen ist, lautet daher:

1. Die Entwicklung des Nationalgefühls und des Nationalbewußtseins durchläuft mehr oder minder schnell wechselnde Phasen, es handelt sich um wenig stabile Zustände, die von einer ganzen Reihe äußerer Verhältnisse abhängig sind, welche sich ebenfalls häufig ändern.
2. Das wesentliche an der sich seit 1945 vollziehenden Spaltung, seit 1945 von der Sowjetmacht der deutschen Nation aufgezwungen, ist nicht die Einrichtung eines separaten Staates, sondern die mit Gewalt durchgeführte Herstellung einer anderen kulturellen, gesellschaftlichen und wirtschaftlichen Wirklichkeit in dem kommunistischen Staat auf deutschem Boden.

Hier liegt das eigentlich Neue, Unvergleichliche, auf dessen Grundlage die Frage nach der weiterbestehenden oder unterbrochenen Einheit der Nation erst gestellt werden kann. Auch Österreich ist 1918, wenn nicht durch fremdes Diktat überhaupt erst in seiner Eigenstaatlichkeit entstanden, so doch durch ein solches an der Selbstaufgabe gehindert worden, aber dieses fremde Machtwort hat die tiefe Gleichheit der Gesellschaften, hat die gemeinsame kulturelle Identität nicht zerstört. Das Veto der Alliierten von 1918 gegen den Anschluß gehörte noch in die Epoche, in der die sich befehdenden europäischen Großmächte, mit Ausnahme von Österreich, zwar Nationalstaaten waren oder, zumindest wie Rußland, Staaten, in denen eine Nation quasi absolute Vorherrschaft ausübte. Dennoch waren die Zugehörigkeit zu einer gemeinsamen Gesellschafts- und Wirtschaftsordnung und die geistige Gemeinsamkeit, rückblickend gesehen, damals weit bedeutsamer als die Unterschiede, so groß diese auch zum Beispiel zwischen der parlamentarischen Republik Frankreichs und der autokratischen Monarchie Rußlands sein konnten. Im Vergleich zu dem, was heute die kommunistischen Länder von den anderen europäischen Staaten und Völkern trennt, erscheinen diese Unterschiede fast nebensächlich. Um dieses Verhältnis geistig in den Griff zu bekommen, kann man es vielleicht an den Abgründen messen, die im 15., 16. und 17. Jahrhundert das christliche Europa vom islamischen Reich der Türken trennten oder noch früher die »Franken« der Kreuzzüge von der ihnen weit überlegenen arabisch-türkischen Zivilisation des Vorderen Orients. Selbst unter diesen Antagonisten gab es damals doch noch manche Entsprechung, wahrscheinlich stärkere als heute zwischen den Systemen der Demokratie und des kommunistischen Totalitarismus.

Die große Mehrheit der Deutschen in den seit 1945/49 getrennten Zonen und Staaten will die Trennung nicht hinnehmen und sieht doch keine ernsthaften, echten, erfolgversprechenden Mittel, um sie zu beenden. Die Politik, die man mit dem Namen Adenauer benennen kann, beruhte auf zwei Vorstellungen:

1. daß das Übergreifen der Sowjetherrschaft und die Ablösung der Demokratie durch den Kommunismus in den Westzonen nur durch die unlösbare Zugehörigkeit dieser Gebiete zur freien Welt, durch ihre Verankerung in dem von Amerika geführten Bündnis verhindert werden konnte, daß aber durch die so erreichte Sicherheit der westliche Teil Deutschlands politische und materielle Fortschritte von extremem Ausmaß machen würde, womit die Stabilität der kommunistischen Gewaltherrschaft im östlichen Teil immer aufs neue in Frage gestellt würde.

2. daß die Stärke und Anziehungskraft der westlichen Demokratien die Sowjets auf die Dauer zwingen würden, ihren Griff um Ostdeutschland und Osteuropa zu lockern, ja diesen Völkern oder Volksteilen das ihnen vorenthaltene Recht auf freie innere und äußere Selbstbestimmung zurückzugeben.

Die erste dieser Vorstellungen hat sich verwirklicht, die zweite (noch?) nicht.

Die Anfang der sechziger Jahre sich anbahnende Periode der sogenannten Entspannungspolitik hatte andere Voraussetzungen: Sie beruhte, zumindest in den Demokratien, auf der Vorstellung, daß die beiden Großmächte und ihre Verbündeten die bestehenden Verhältnisse anerkennen und keine Veränderungen hervorrufen oder unterstützen würden, die den so festgestellten Status verletzen könnten. Damit war jener zweite Akt des zwischen 1945 und 1960 im Westen formulierten welthistorischen Schauspiels auf unbestimmte, wahrscheinlich weit entfernt liegende Zeiten weggeschoben. Die Deutschen, die die Einheit der Nation wiederherstellen wollten, befanden sich nun in der Lage der ersten Christen, die das Wiedererscheinen des Herrn für die allernächste Zeit erwartet hatten und sich allmählich mit der Vorstellung abfinden mußten, daß die Zeit bis zum Ende der Zeiten sehr, sehr lange dauern könnte. Da die Einheit der deutschen Nation aber eine innergeschichtliche Frage ist, waren, je länger die Wartezeit dauerte, um so mehr Deutsche bemüht, einen Weg zu finden, der es möglich machen würde, die Einheit der Nation trotz der bestehenden Trennung der Staaten und gegen die Verschiedenheit der politischen, gesellschaftlichen und kulturellen Systeme zu bewahren. Wie einst Adenauer und Dulles gehofft hatten, daß die Stärke der freien Welt die Sowjets zum Zurückweichen zwingen würde, so glaubten nun die Entspannungspolitiker, daß die Einheit der Nation und eine schrittweise Verbesserung der Lage der Menschen im östlichen Teil Deutschlands durch Entspannung und Annäherung erreicht werden könnten, im »Wandel durch Annäherung«. Obwohl die Demokratien feststellen mußten, daß die Sowjets die Entspannung einseitig angewandt und ausgenutzt hatten, in dem Sinne, daß, was kommunistisch war, kommunistisch zu bleiben hatte, daß aber, was nicht kommunistisch war, durchaus kommunistisch werden könnte, hat sich gerade im demokratischen, freien Deutschland, in der Bundesrepublik – aber auch in allen anderen freien Ländern in verschiedenem Ausmaß – das Vertrauen in die Entspannungspolitik nicht nur erhalten, sondern weiterentwickelt. Diese Haltung hat zur Voraussetzung, daß die Sowjetunion, das heißt die dort herrschende Klasse, zu einem durch »Annäherung« zu erzielenden »Wandel« bereit oder auch nur fähig sei, ohne dafür einen Preis zu fordern, der zur schrittweisen Selbstaufgabe der deutschen Demokratie, des inneren und äußeren Selbstbestimmungsrechts der einzelnen Bürger der Bundesrepublik ebenso wie des größeren Teils der Nation in seiner Gesamtheit führen muß – und es damit auch unmöglich macht, für den unfreien, kleineren Teil einzutreten. Selbst konservative und »atlantische« Politiker sprechen gerne vom Nutzen enger Beziehungen und Kontakte zu der Führung der Sowjetunion und zu den dieser nachgestellten Führungen der osteuropäischen Satelliten.

Damit steht die Politik der Bundesrepublik Deutschland in einer Widersprüchlichkeit, die analog oder symmetrisch erscheint zu der oben dargestellten Widersprüchlichkeit der Politik des französischen Nationalstaats. Die Franzosen können sich von dem Nationalstaat nicht trennen, obgleich er die Zwecke, für die er geschaffen wurde, nicht mehr erfüllen kann; die Deutschen wollen die Einheit der Nation um einen Preis, für den sie nicht zu haben ist. Beide Völker und ihre politische Klasse müssen vor diesem Widerspruch in die Unwirklichkeit ausweichen: die Franzosen, indem sie sich vormachen, die Welt von heute sei so, daß sie in ihr die *indépendance nationale* bewahren könnten; die Deutschen, indem sie sich vormachen, die Sowjetunion sei dergestalt, daß sie sich für freundliches Entgegenkommen und Wohlverhalten dankbar erweise, daß sie also den Untertanen des

SED-Regimes Verbesserungen ihrer Lage zugestehen könne, die der Natur des Regimes, den Interessen der das Regime besetzenden Klasse und der Sicherheit des gesamten kommunistischen Blocks widersprechen. Die nationale Unabhängigkeitspolitik des französischen Nationalstaats ebenso wie die politische Bemühung der Bundesrepublik zur Bewahrung der Einheit der deutschen Nation durch Entspannung und Annäherung sind Politik à la Palmström: die Welt und die Sowjetunion *müssen* so sein wie wir wünschen, daß sie sein sollen. In beiden Ländern bleibt die Nation ein Wertkomplex, dem viele, ja alle anderen Werte nachzuordnen man bereit ist; und wenn man hierzu (noch) nicht bereit ist, so versucht man zumindest, die Widersprüche zwischen den nationalen und den anderen Werten zu leugnen oder sie zu verkleinern. Nur Minderheiten sind heute erstens davon überzeugt, daß die Nation nur ein Rahmen ist, ein Instrument zur Verwirklichung allgemeiner humaner Werte, und zweitens davon, daß die legitimen politischen Ziele der deutschen wie der französischen Nation heute allein durch die Aufhebung der Nationalstaaten in einen europäischen Bundesstaat zu verwirklichen sind.

# II.
# Erbfeinde

Die beiden Hauptnachfolgeteile des großen Frankenreichs, das unter der schwachen Hand Ludwigs des Frommen zerfiel, haben lange Jahrhunderte hindurch verhältnismäßig wenig miteinander zu tun gehabt. Gegen Lothar waren Karl und Ludwig Verbündete, später schlugen sie oder ihre Nachkommen sich um das Erbe von Lothars Söhnen, bis es für 900 Jahre zum Ostreich kam. Viel früher schon hatte Cäsar bemerkt, daß Gallier und Germanen verschiedene Völkergruppen waren und daß die Gallier den wilden Ansturm aus dem Osten fürchteten. War Ariovists gescheiterter Eroberungszug der erste deutsch-französische Krieg? Andere Germanenstämme versuchten immer wieder, nach Gallien vorzudringen, mit wachsendem Erfolg bis zu den endgültigen Durchbrüchen im 5. Jahrhundert. Danach drehten die nach den Römern nun zu den Herren Galliens gewordenen Merowinger den Spieß um: Vom gallischen Frankenreich aus wurde Germanien geeint und bekehrt.

### *Die beiden Frankenreiche*

Die Kämpfe des 10. Jahrhunderts stehen noch stark unter dem Zeichen einer Verbindung, deren Auftrennung lange Zeit in Anspruch nimmt. Das Eingreifen der Ottonen in die französischen Territorien geschieht so sporadisch wie die westfränkischen Gegenschläge – was sich im anderen Frankenland abspielt, ist noch nicht wirklich fremd. Geradezu symbolisch ist es, wenn zwei Schwestern Ottos des Großen mit dem karolingischen König und mit dem Haupt des rivalisierenden Hauses verheiratet sind, das sich mit Hugues Capet an die Stelle der älteren Dynastie setzen wird. Diese Konflikte waren Familienkriege, ebenso Zeichen einer weiterbestehenden Gemeinsamkeit wie die Karriere eines Gerbert von Aurillac, der also aus einem Ort kam, der damals wohl Aquitanien zuzurechnen war, wo der westfränkische König so gut wie nichts zu sagen hatte: Er wird Erzbischof von

Reims in Westfranken und Abt von Bobbio in Reichsitalien, war Erzieher des Kaisers Otto III. und wird schließlich von diesem zum Papst bestellt. Die deutschen Kaiser sind zunehmend in Italien beschäftigt, die französischen Könige ihrerseits mit dem Kampf gegen die Könige von England, ihre nächsten größten und mächtigsten Vasallen, besonders seit Henry Plantagenet zum Erbe der Normannen und der Anjou mit Eleonore d'Aquitaine deren riesige Lehen angeheiratet hat. Frankreich ist Anfang des 11. Jahrhunderts noch nicht stark genug, um sich wirkungsvoll gegen die Einverleibung Burgunds in das Reich aufzulehnen, aber bereits am Ende des gleichen Jahrhunderts hat die Allianz zwischen dem vom Investiturstreit geschüttelten Papsttum und den Kapetingern begonnen: Oft wird das Haupt der Kirche im Konflikt mit den deutschen Kaisern in Frankreich Zuflucht finden. Die »politischen« Grenzen hemmen die geistigen, kulturellen und allgemeinen zivilisatorischen Bindungen kaum. Das Gefälle geht eindeutig von West nach Ost. Aus Westfranken kommen die Anstöße in Architektur und Plastik, die Themen des größten Teils der epischen Dichtung, die immense Bewegung der Kreuzzüge, der *amour courtois* mit Minnesang und höfischer Bildung, die Modelle des Feudalismus und der Kommune sowie das neue philosophische Denken, das Italiener und Deutsche nach Paris zieht.

Aus der Sicht der französischen Geschichte ist die Schlacht von Bouvines im Jahre 1214 der erste große Zusammenstoß des französischen Nationalbewußtseins mit den Deutschen. Dabei bildete der Kampf gegen den Welfenkaiser Otto IV., der seinem englischen Onkel Johann ohne Land gegen den französischen König Philippe Auguste zu Hilfe kommt, im Grunde nur einen Nebenkriegsschauplatz. Der Franzose war mit dem Papst traditionell verbündet, und Otto IV., obgleich lange Zeit propäpstlicher Gegenkönig, war aus der Logik seines Amts heraus mit Rom in Konflikt geraten. Frankreich war die Macht des größten Vasallen unerträglich, die deutschen Interessen waren überhaupt nicht im Spiel, es ging nur um dynastische Familiensolidarität. Mit seinen Bürgern und Bauern besiegt Philippe das deutsche Ritterheer. Der Ausgang der Schlacht von Bouvines rettete die französische Monarchie aus der Einkreisung. Für die Deutschen ist es eine an sich marginale Auseinandersetzung unter der Verantwortung eines Kaisers, dessen Thron wankt. Alle französischen, aber nur sehr wenige deutsche Schüler haben jemals von Bouvines gehört.

Die auf Bouvines folgenden Jahre sehen eine vorübergehende, weil »unnatürliche« Allianz der Kapetinger und der Hohenstaufen. Friedrich II., in seinen Anfängen vom Papst gegen den »Wortbrüchigen« Otto IV. mobilisiert, ist der Verbündete des Feindes seines Feindes. Doch die Kraft der machtpolitischen und geographischen Verhältnisse ist stärker. Frankreich muß wie schon zu Zeiten Ludwigs VII. und Barbarossas den Papst schützen, um die Durchsetzung der kaiserlichen Ansprüche auf eine Universalmonarchie zu verhindern. »Der König ist Kaiser in seinem eigenen Königreich«, dies Prinzip der kapetingischen Rechtsgelehrten nährt den Widerstand gegen ein Kaisertum, das, wie Barbarossas Reichskanzlei, die Herrscher aller europäischen Staaten verächtlich *reguli*, Kleinkönige, nennt: Kleinkönige, wie sie Heinrich VI. während seiner kurzen, meteorgleichen Regierungszeit nicht ohne Erfolg der Oberherrschaft des Kaiserreiches zu unterwerfen begonnen hatte. Im französischen Geschichtsbewußtsein ist der Kampf der französischen Könige gegen den Suprematieanspruch des Reiches bereits einzuordnen in die große geschichtliche Auseinandersetzung zwischen Freiheit und Tyrannei, zwischen Freiheit und Totalitarismus, um das moderne Wort zu gebrauchen. Auch in diesem Sinne sind die Kapetingerkönige Vorläufer der Jakobiner; Bouvines, eine Mobilisierung der damaligen Volksmassen, steht in gradliniger Verbindung zu Valmy, zu Verdun, zur *résistance*. Unterschwellig enthalten diese Vergleiche eine politische Philosophie: Die Nation ist sozusagen eine kollektive Individualität; die Vielfalt der

Nationen ist gegenüber dem Universalitätsanspruch eines Reiches analog fundiert wie die Vielfalt der Bürger-Personen gegenüber dem Nationalstaat.

Zunächst allerdings sind die französischen Könige mit der Liquidierung der Machtstellung der englischen Könige auf dem Kontinent und dem Albigenserkrieg im eigenen Land überbeschäftigt. Doch in der zweiten Hälfte der Regierungszeit des Hohenstaufenkaisers Friedrich II. bricht der Konflikt deutlich aus. Frankreich nimmt dessen großen Gegner, Papst Innozenz den IV., mit offenen Armen auf. In Lyon, das zwar noch offiziell zum Reich gehört, aber wo de facto bereits der französische Einfluß vorherrscht, versammelt sich 1245 das Konzil, das den Kaiser absetzt. Ludwig der Heilige begünstigt zwanzig Jahre später das Unternehmen seines Bruders Karl von Anjou, der im Auftrag des Papstes den Untergang der Hohenstaufen herbeiführt. In den deutschen Schulgeschichtsbüchern erschien anderthalb Jahrhunderte lang dieser Kapetingerprinz als die Verkörperung der Macht der Finsternis.

### *Burgund und Habsburg*

In den folgenden Jahrhunderten ist die deutsch-französische Beziehung relativ konfliktarm. König Philipp IV. führte einen kurzen, aber heftigen Kampf gegen Bonifaz VIII., der aber ganz anders gelagert war als die Auseinandersetzung zwischen den deutschen Kaisern und dem Papsttum; hier ging es um die Befehlsgewalt des nationalen Königtums – dort um den Streit zweier Ansprüche auf Universalherrschaft. Danach tritt Frankreich in den (im Grunde zweiten) Hundertjährigen Krieg ein. In Deutschland ist die Zentralgewalt endgültig geschwächt, die Kaiser-Könige aus verschiedenen Häusern sind bemüht, ihre Hausmacht zu vergrößern, ohne sich aus den italienischen Verpflichtungen und Wirren lösen zu können. Ludwig der IV.

durchsteht eine letzte, verspätete Phase des Kampfes mit dem – nunmehr französischen – Papsttum; jetzt geht es nur noch um die Abwehr der Einmischung der Päpste in die internen Angelegenheiten des deutschen Königtums. Die Übergabe des Herzogtums Burgund an eine Nebenlinie der französischen Dynastie schafft eine Art von Pufferstaat, ein Zwischenreich. Das französische Vorrücken nach dem Norden und dem Osten wird dadurch ein Jahrhundert lang getarnt. Nicht so steht es im Südosten, wo das Reich unfähig ist, die Einverleibung der Provence, der Dauphiné, des Vivarais in die französische Monarchie zu verhindern. Die enge politische Bindung der luxemburgischen Dynastie an Frankreich unterbindet die von Ludwig dem Bayern versuchte Ausnutzung des französisch-englischen Kriegs für das Reichsinteresse; kulturell sind die Luxemburger mehr Franzosen als Deutsche, und der geistige und künstlerische Einfluß Frankreichs ist im 14. und angehenden 15. Jahrhundert sehr groß. Die Herzöge von Burgund erwerben in vier Generationen den größten Teil der Niederlande, von Artois bis Friesland; damit werden diese Gebiete, die mit Ausnahme von Artois und dem größeren Teil Flanderns zum Reich gehörten, diesem mehr und mehr entfremdet; das Französische setzt sich als Amts- und Kultursprache durch, während die wachsende Entfremdung vom übrigen Deutschland die eigenständige Entwicklung des Niederländischen fördert.

Obwohl zu den Zeiten Karls des Kühnen Kaiser Friedrich III. die Errichtung eines eigenen burgundischen Königreiches unter der formalen Oberhoheit des Reiches zeitweise zu begünstigen schien, erlebt diese Periode doch auch einen deutsch-französischen Zusammenstoß, der in der entstehenden öffentlichen Meinung ein tiefes Echo hervorruft: den Versuch Karls des Kühnen, mit seinem brutalen Landvogt Peter von Hagenau sich des Elsasses zu bemächtigen. Die Volkserhebung gegen die burgundische Tyrannei trägt bereits Züge einer nationalen Auseinandersetzung. Nicht unähnlich liegen die Dinge in der benachbarten

Schweiz: Grandson, Murten und Nancy werden als Siege gegen die »Welschen« verstanden. Nach dem Ende des Hundertjährigen Krieges und dem Wiedererstarken der französischen Monarchie beginnt mit dem Streit um die burgundische Erbschaft und mit dem französischen Griff nach Neapel und Mailand die große Auseinandersetzung zwischen Frankreich und Habsburg, die bis zum *Renversement des Alliances* von 1756 die Hauptachse des Geschehens im europäischen Mächtesystem bildet. Der Wegfall des burgundischen Zwischenreichs und die definitive Stellung der Habsburger als römisch-deutsche Kaiser geben dem monarchisch-dynastischen Konflikt in zunehmendem Maße nationale Aspekte. Dies hängt natürlich mit den geistigen und politischen Bewegungen in beiden Ländern eng zusammen wie auch mit der Entwicklung der zivilisatorischen Bedingungen. In Frankreich hatte besonders die langwierige englische Besetzung der Provinzen nördlich der Loire und das Auftreten der Jeanne d'Arc – ein unerhört packendes, eindringliches Erlebnis – das Bewußtsein der Zusammengehörigkeit mit einem gemeinfranzösischen Wir-Gefühl enorm gefördert. Die schrecklichen Wirren des Kriegs, des englischen ebenso wie die des mit diesem verwobenen Bürgerkriegs, hatten den Ruf nach der legitimen Gewalt des angestammten Königs mächtig anschwellen lassen. In Deutschland wurden die Schwäche der Reichsführung und der Druck der in der Fremde angesiedelten und fremd geführten »welschen« Kirche als immer unerträglicher empfunden. Das Scheitern der Konzilsbewegung, die Hussitenkriege, die einerseits die Unfähigkeit von Reich und Kirche zeigen, mit dem Aufstand des kleinen tschechischen Volkes fertigzuwerden, und andererseits den hussitischen Reformradikalismus in den benachbarten Reichsteilen bekannt machen, sowie die permanenten von keiner Zentralgewalt im Zaum gehaltenen Fehden: all dies läßt den Ruf nach der doppelten Reform von Kirche und Reich immer lauter werden. Der zwischen den Kriegen und danach sowie trotz der Kriege rasch zunehmende Bürgerwohlstand, die humanistische Wiederentdeckung der Gesamtkultur des griechisch-römischen Altertums, die Erfindung des Buchdrucks, das sowohl wirtschaftlich wie religiös fundierte Bedürfnis nach mehr Bildung in immer breiteren Schichten: all dies fördert in Deutschland ein neues Selbstbewußtsein. Die Humanisten entdecken sich und ihren Volksgenossen eine glorreiche und moralisch wertvolle Vergangenheit: Hat doch Tacitus in der wiedergefundenen *Germania* der römisch-welschen Dekadenz die germanischen Tugenden entgegengesetzt. Das Volk erlebt in der von den territorialen Obrigkeiten aufgezwungenen Einführung des römischen Rechts eine Art geistiger Fremdherrschaft, die auch seine materiellen Belange höchst schmerzlich verletzt. Luthers Reformation wird von dem neuen deutschen Selbstbewußtsein aufgenommen, etwas wie ein schöpferischer Freudentaumel verbreitet sich über den größten Teil Deutschlands. Allerdings schadet die grandiose Nationalbewegung doch auch wieder den Interessen der ihrer selbst bewußt werdenden Nation: Der Kaiser, der so viel besser französisch spricht als deutsch und dem Burgund weit mehr am Herzen liegt als die Herzogtümer Österreichs, ist katholisch geblieben; und nun verbünden sich gegen ihn die protestantischen Fürsten mit dem ebenfalls katholischen König von Frankreich, der im eigenen Land die Protestanten verfolgt. Das Ergebnis ist zunächst die Auslieferung von Metz, Toul und Verdun an Frankreich und, nach kurzen Jahren, die Abdankung des so oft, aber nie endgültig siegreichen Kaisers. Der vorhergegangene Versuch Franz' I., sich zum Kaiser küren zu lassen, paßt gar nicht in die sich so gestaltende europäische Umwelt. Noch mehr als für Karl, den König von Spanien, wäre Deutschland für den König von Frankreich nur eine Art Glacis gewesen.

Die Religionskriege in Frankreich sowie die Übergabe der Niederlande, Mailands und der Freigrafschaft Burgund an die spanische Linie der Habsburger koppelten Deutschland und Frankreich wieder voneinander ab. Die heftige Ablehnung, die dem Calvinismus von seiten der deutschen Lutheraner zuteil wurde, lähmte die geistige Verbindung zwischen dem deutschen und dem französischen Protestantismus. Erst das Eingreifen Frankreichs, dessen Monarchie sich von den Religionskriegen und den Wirren während der Unmündigkeit Ludwigs des XIII. schnell erholte, in den Dreißigjährigen Krieg eröffnete eine neue Periode intensiver und zum Teil antagonistischer Kontakte. Frankreichs finanzieller und militärischer Einsatz will nicht nur Habsburg in seinen beiden Zweigen schwächen und die seit Karl V. bestehende Einkreisung zerbrechen; Richelieu und seine Nachfolger, erst Mazarin und dann Louis XIV. selbst, wollen die Hegemonie Frankreichs in Europa auf der so weit wie möglich vorgetriebenen Dislokation der Reichsgewalt in Deutschland (und dessen italienischen Angliederungen) aufbauen. Das gelingt weitgehend mit dem Westfälischen Frieden, der das südliche Elsaß an Frankreich ausliefert – einen großen Teil des Rests mit Straßburg wird sich der Sonnenkönig in den achtziger Jahren durch seine rücksichtslose Restitutions-, Raub- und Brandpolitik holen und ebenso zahlreiche andere Reichsteile.

### *Versailles, Wien, Potsdam*

Die zweite Hälfte des 17. und der größte Teil des 18. Jahrhunderts schaffen in Deutschland im Hinblick auf Frankreich einen erstaunlich widerspruchsvollen Zustand. Der weitere Fortschritt der Bildung, wenn auch immer noch sehr relativ, besonders in den katholischen Gegenden, sowie die zunehmende Verbreitung von Flugschriften und politischen Publikationen beschleunigen die Entwicklung einer öffentlichen Meinung und deren Information über inländische und internationale Vorgänge. Die großen Kriege Ludwigs XIV. und seine als solche gebrandmarkten Übergriffe mobilisieren zum ersten Mal in der Geschichte der beiden Völker eine Welle von antifranzösischer nationaler Entrüstung, besonders nach der beispiellosen systematischen Zerstörung der Pfalz und des mittelrheinischen Deutschlands. Zwischen 1635, da Frankreich in den Dreißigjährigen Krieg militärisch einzugreifen beginnt, bis zum Sturz Napoleons gab es nur wenige Jahrzehnte, in denen französische Truppen nicht auf deutschem Boden Krieg führten, mit den unvermeidlichen schrecklichen Folgen für die Zivilbevölkerung. Die uralte Abneigung gegen die Welschen, die bislang vor allem Rom und die Italiener traf, wandelt sich nun zum Franzosenhaß. Auch wenn in den unausgesetzten Kriegen die deutsche Seite Siege davonträgt, gelingt es der überlegenen französischen Diplomatie, diese bei den Friedensverhandlungen zunichte zu machen. Nicht umsonst heißen die Friedensschlüsse nach Ludwigs Eroberungskriegen in den deutschen Flugblättern »Reißweg« (Rijswick), »Nimmweg« (Nimwegen) und »Unrecht« (Utrecht).

Nichtsdestoweniger – ja gerade wegen der Macht, des Reichtums und des diplomatischen Geschicks des französischen Königtums finden Richelieu, Mazarin, Ludwig XIV. und nach ihnen die Minister Ludwigs des XV. immer wieder Verbündete in Deutschland selbst, deren Haus- und Staatsinteressen zu denen des Kaisers als Haupt des Hauses Habsburg, als Herrscher über die habsburgische Hausmacht und Souverän von Ländern außerhalb des Reiches, quer liegen. Selbst ein so »deutsch« und »national« fühlender Fürst wie der Große Kurfürst kann sich dieser Logik nicht entziehen und wechselt mehrmals von dem Bündnis mit dem Kaiser zu dem mit Ludwig XIV. Mit Ausnahme der Wittelsbachschen Brüder Max Emanuel von Bayern und Joseph Clemens von Köln, deren Haltung während des Spanischen Erbfolgekrieges weithin als Verrat verurteilt wurde, konnte das öffentliche Bewußtsein, schon wegen der geteilten Loyalität gegenüber dem Reich und dem Landesfürsten, zu dieser Haltung zahlreicher Reichsstände keine klare Meinung bilden.

Dies war um so weniger denkbar, als Deutschland insgesamt in der Zeit des Hochbarocks und des Rokokos in eine tiefgreifende kulturelle, geistige und zivilisatorische Abhängigkeit von Frankreich geriet, die sehr viel weiter und allgemeiner wirkte als die auf die katholischen Höfe beschränkte Beeinflussung durch spanische Sitten und Gebräuche oder der eigentlich nur auf künstlerischem Gebiet – dort allerdings sehr – spürbare italienische Einfluß. Politisch waren beide belanglos, Spanien hatte schon 1659 seinen Großmachtrang verloren, und Italien war nur ein geographischer und kultureller Begriff. Die Beispiele für die Herrschaft der französischen Sprache, der französischen Mode in Kleidung, Malerei und Musik, die zahllosen Nachahmungen des Versailler Schlosses brauchen nicht aufgezählt zu werden. Der deutsche Widerspruch in der Beziehung zu Frankreich tritt in der Gestalt Friedrichs des Großen zutage, der mit seiner auf französisch geführten Armee und seinem auf französisch regierten Staat Siege über die Heere Frankreichs davontrug, die ihn zum Nationalhelden machten – nachdem er im Ersten und im Zweiten Schlesischen Kriege der Verbündete Frankreichs gewesen war. Auch jene Staatsmänner und Intellektuellen, die Frankreichs Macht bekämpften und sich gegen seine kulturelle Hegemonie auflehnten, waren durchdrungen von französischer Literatur und Geistigkeit.

In Frankreich hingegen ist in diesen Zeiten das Interesse an Deutschland fast ausschließlich politisch bestimmt: Der Hauptgegner und »Erbfeind« – mit dem man eng verwandt ist: Ludwig XIV., Sohn einer Habsburgerin, ist mit einer Habsburgerin verheiratet – ist Deutscher, als Kaiser oberster Herrscher über die Deutschen, und Deutsche sind viele, die der französische König als Verbündete gegen eben diesen Kaiser findet. Das Wiedererstehen einer starken Zentralgewalt in Deutschland muß verhindert werden, die bestehende weiter geschwächt werden: das ist zwei Jahrhunderte lang Hauptziel der französischen Außenpolitik. Aus Deutschland kommen selten Anregungen und Neuigkeiten; die Deutschen gelten als grob und bieder, als derb und ungeschlacht. Eine Persönlichkeit größten geistigen und diplomatischen Formats wie etwa Leibniz macht gerade deshalb so viel Eindruck, weil sie dem Durchschnittsbild des Deutschen so ganz und gar nicht entspricht. Die kulturelle Beziehung ist völlig eingleisig. Erst in der Mitte des 18. Jahrhunderts beginnt sich da einiges zu ändern – mit dem enormen Erfolg eines Musikers, Christoph Willibald Gluck, mit der philosophischen Radikalität Holbachs, mit der großen Zahl geschickter und fleißiger deutscher Handwerker in den Luxusindustrien. Der erste große deutsche Erfolg in der französischen Literaturgeschichte ist Goethes Werther. Paris ist bis zur Revolution die geistige Hauptstadt Deutschlands, auch wenn seit Lessing in der deutsch-französischen Beziehung die Abwehr, die Bemühung zur Selbständigkeit, zur Befreiung von der Fremdherrschaft eine wachsende Rolle spielen und Deutschland plötzlich in eine Zeit stürmischster und genialischer Kreativität tritt, während Frankreich seine Kräfte in das unerhörte Ereignis und Erlebnis der Revolution wirft.

### *Revolution und Befreiungskriege*

Mit ihr reißt Frankreich die Initiative wieder an sich. Jahrelang blicken alle nur ein wenig offenen Augen Deutschlands auf das Geschehen an der Seine. Einige, viele haben es begrüßt und bewundert wie einen neuen Morgen der Menschheit. Andere meinen, bei allgemeiner Billigung, daß die Franzosen mit Theatralik nur nachholen, was in den meisten deutschen Staaten durch die aufgeklärten Fürsten und ihre fleißigen Beamten schon mit ruhigem, stetem Fortschritt erzielt worden ist. Die deutschen Jakobiner sind kleine Minderheiten, den meisten Bewunderern der Revolution wird angesichts des Terrors unheimlich zumute. Der Angriff der Monarchen auf das revolutionäre Frankreich ist gewiß kein Volkskrieg, und die sich nach 1794 im westlichen Deutschland festsetzenden Franzosen stoßen nicht auf nennenswerten Widerstand. Die Eingliederung in den zentralistischen, modernisierten, von allem, was den gewerblichen Fleiß hindert, befreiten Staat, die Ausmerzung der Strukturen des *ancien régime:* all dies wird in den neu annektierten deutschen Länderteilen so wenig bestritten wie im Elsaß, das nun schon seit mehr als hundert Jahren französisch ist. Im Erwachen der deutschen Nationalbewegung spielen die Rheinlande die geringste Rolle; von Görres, der allerdings eine Persönlichkeit von zentraler Bedeutung war, und den Brüdern Boisserée abgesehen, stammen dessen Wortführer aus den Rheinbundstaaten, aus Preußen und aus Österreich, und dort, vor allem in den beiden gedemütigten Großstaaten, sind sie vornehmlich am Werk.

Es kann kein Zweifel darüber aufkommen, daß zum Aufbruch der deutschen Nationalbewegung zu Beginn des 19. Jahrhunderts die französische Fremdherrschaft nicht nur die Veranlassung, sondern auch die unmittelbare Ursache gestellt hat. Allerdings bedarf diese Behauptung zweier wichtiger Ergänzungen: Zum ersten liegt der Beginn der Erhebung des deutschen Selbstbewußtseins auf geistigem Gebiet weit vor der Französischen Revolution. Lessings »Minna von Barnhelm« weist auf die Nahtstellen des Willens zur geistigen Selbstbefreiung und zur Selbstbehauptung wie überhaupt des nationalpolitischen Anliegens hin. Die Wiederentdeckung der deutschen Vergangenheit im Sturm und Drang ebenso wie das Herdersche Konzept vom Volk und seinem Werden – und auch Winckelmanns Wieder-»Entdeckung« einer Antike, die in Wirklichkeit das Leitbild einer zukünftigen deutschen Klassik war – bereiten die Deutschen auf die Herausforderungen vor, denen sie sich in den kommenden Jahrzehnten ausgesetzt sehen werden. Die geistig literarische Auflehnung der Romantik gegen die Aufklärung bereitet den antiokzidentalischen und spezifisch antifranzösischen Aspekt der geistigen Begleitmusik zu den Befreiungskriegen vor. Auch die Klassik, von Winckelmann bis Hölderlin, trägt, indem sie den Deutschen eine eigentümliche Bindung an eine geistige

Doppelgängerlandschaft, an eine imaginäre Zweitheimat im Griechentum sucht und bietet, zur Befreiung vom kulturellen Joch Frankreichs bei, während der phänomenale Aufstieg der deutschen Philosophie einen weiteren wesentlichen Beitrag zur Entwicklung des nationalen Selbstbewußtseins in den politisch wie geistig führenden Schichten beisteuert. Man könnte in gewisser Hinsicht sogar sagen, daß auf geistig-kulturellem Gebiet die Befreiung bereits vor 1806 vollzogen war. An zweiter Stelle muß bemerkt werden, daß die Reaktion der Deutschen auf die Französische Revolution und die Herrschaft Napoleons keineswegs eindeutig feindlich gewesen ist, auch nachdem der Terror in Frankreich wie im übrigen die Unterordnung der deutschen Gebiete, der annektierten wie der »protegierten«, unter die Bedürfnisse und Interessen Frankreichs die ersten hochschwellenden Illusionen zerstört hatten. Die in den Rheinbundstaaten aus dem Französischen abgeschriebenen oder zumindest vom französischen Beispiel inspirierten Reformen entsprachen den Wünschen und Interessen zahlreicher Einwohner, wenn auch nicht denen der Gesamtheit; die scharfen Schnitte, mit denen die Trennung vom *ancien régime* vollzogen wurde, machten oftmals den Weg zu modernen, als zeitgemäß empfundenen Veränderungen frei. Auch die österreichischen und preußischen Reformen – die ersteren unsystematisch begonnen und nach 1809 schnell abgebrochen – waren ja von den Erfolgen der Revolution und ihres großen Erben ausgelöst worden. Selbst wenn man für Freiheit und Selbstverwaltung, für die Erziehung von, wie man heute sagen würde, mündigen Staatsbürgern (und so resümiert sich wohl das Anliegen der preußischen Reformer) sich an wiederentdeckte und wiedererweckte Beispiele aus der deutschen Vergangenheit und an die verwandte englische Tradition anlehnte, so waren immerhin die Impulse der Aufklärung und der Revolution, waren die Menschen- und die Bürgerrechte, die Gleichheit vor dem Gesetz, die Freistellung der unternehmerischen Initiative, waren der Gedanke der Volkssouveränität, das Konzept der

Gewaltenteilung, die gleichberechtigte Beteiligung der Volksvertreter an der Gesetzgebung und an den Beschlüssen, die den Staatshaushalt betrafen, ein weitverbreitetes vielschichtiges Gemeingut, zu dem viele Anregungen aus Frankreich gekommen waren und auch weiter kamen. Die innere Widersprüchlichkeit des Napoleonischen Systems – auf den Münzen nach 1804 stand *République française, Napoléon Empereur* –, in dem das aufrührerische Prinzip der Revolution mit dem des starken, autoritären Herrschaftsstaats unter einen Hut, nämlich den des *petit corporal*, gebracht worden war; die Doppelzüngigkeit, mit der dieses Regime in seiner Praxis zum Teil das negierte und verfolgte, woraus es entstanden war – dies alles machte sich auch in Deutschland bemerkbar. Für den extremen Flügel der deutschen Nationalbewegung, dessen Einfluß sich im Laufe des 19. Jahrhunderts auf verhängnisvolle Weise immer stärker und breiter durchsetzen wird, war alles Französische hassenswert, mit Ausnahme des französischen Weins (»... doch seine Weine trinkt er gern«). Aber nach den Siegen von 1814/1815 wuchs der Einfluß des französischen Liberalismus schnell wieder an; im deutschen Katholizismus fand die von Lamennais und Montalembert verkörperte Bemühung um eine breite nationale und soziale Fundierung der Kirche ein bedeutendes Echo; der deutsche demokratische Radikalismus, nach 1820 ins Exil gezwungen, ging bei den französischen Meistern des »idealistischen Sozialismus« in die Schule.

Es darf auch keineswegs vergessen werden, daß die nationale Bewegung in Deutschland bis zu Napoleons Niederlage in Rußland, bis zum Vorrücken der russischen Truppen über die preußischen Grenzen und den Bündniswechsel Friedrich Wilhelms II. die Angelegenheit einer kleinen entschlossenen Minderheit und einer wohl breiteren, aber keineswegs mehrheitlichen unentschlossenen Masse von Sympathisanten war. Unter den Hunderttausenden von deutschen Soldaten, die in Napoleons Heeren oder in deren Hilfstruppen Dienst taten, ist es zu keinen nennenswerten Protestbewegungen gekommen. Ein westfälischer Offizier, der in Spanien auf französischer Seite gegen einen braunschweigischen Offizier, der bei den Engländern stand, gekämpft hatte, kann sich in Fontanes »Vor dem Sturm« mit diesem treffen, ohne daß er als *collaborateur* oder »Verräter« beschimpft würde. Der Vergleich mit der Haltung der großen Masse der Franzosen nach 1940 drängt sich einem Mann meiner Generation geradezu auf: Auch die *résistance* war in den ersten Jahren, bis 1943, eine verhältnismäßig kleine und verhältnismäßig langsam zunehmende Minderheit – und auch Deutschland wurde 1813 nicht allein aus eigener Kraft befreit. Dabei waren ohne Zweifel die Franzosen bei der großen Mehrheit der Deutschen damals weniger verhaßt, mit weniger Ablehnung angesehen als die Deutschen Hitlers im Frankreich von 1940/44. Bei allen Schrecklichkeiten des damaligen Krieges standen die Armeen Napoleons nicht im Dienste einer ausgesprochenen Ideologie der Unmenschlichkeit. Und die großen Etappen der »Erbfeindschaft«, 1870/71, 1914/18, der Versailler Frieden und seine Ausführung, lasteten zwischen 1806 und 1815 noch nicht auf der deutsch-französischen Beziehung.

Trotzdem soll die Bedeutung der Tatsache nicht unterschätzt werden, daß die Deutschen im Erlebnis der nationalen Erniedrigung und der nationalen Erhebung ihr Zu-sich-selbst-Kommen vollendet haben. Die Feindschaft gegen Frankreich wurde damit zum konstitutiven Element des deutschen Nationalbewußtseins. Der radikale Flügel der Befreiungsbewegung – »Schlagt sie tot, das Weltgericht fragt euch um die Gründe nicht« –, Kleist, Fichte, Arndt, Jahn weben in ihre Ideologie des Deutschtums die Verurteilung des Französischen ein, die zur ersteren gehört wie die Rückseite zu der Vorderseite. Den Franzosen der Revolutionskriege und des Empire waren die Deutschen mehr oder minder gleichgültig – sie waren eines der zahlreichen europäischen Völker, mit denen man im Krieg stand, das man besiegte, einverleibte, zu Verbündeten machte. Für die Radikalen in der deutschen Befreiungsbewegung ist Frankreich der Feind, ja das Böse an sich. Sie sind auf Frankreich schon so negativ fixiert, wie es die Franzosen erst viel später, nach 1870/71, auf Deutschland sein werden.

Von Diplomaten, Militärs und Kaufleuten abgesehen, waren die ersten Franzosen, die sich in größerer Zahl für Deutschland interessierten, Emigranten. Zuerst, nach der Aufhebung des Edikts von Nantes, die Hugenotten, die aber mit wenig Rückkehrhoffnung in das deutsche *refuge* kamen und deren Erlebnisse wenig nach Frankreich zurückwirkten. Bei den Emigranten der Revolutionszeit lagen die Dinge anders; nach langen Jahren in Deutschland kehrten viele von diesen schon unter Napoleon zurück und die meistens übrigen nach dem Sturz des Korsen.

Trotz der stets widersprüchlichen Erfahrungen, die politische Emigranten im Exil machen, wirken sich die Berichte der Heimkehrer im allgemeinen keineswegs negativ aus. Die Deutschen mochten etwas provinziell und altmodisch sein, aber sie erschienen denjenigen, die Gelegenheit hatten, sie näher kennenzulernen, als ein Volk mit großen Tugenden, ehrlich, unverdorben, tiefsinnig. So wurden sie von Madame Staël beschrieben, die zahlreiche Leser fand, denen sie ein recht positives, wenn auch nicht immer exaktes Bild des Nachbarn übermittelte, für dessen Denken und Fühlen man sich in Frankreich bisher so wenig interessiert hatte. Auch die Niederlage, die ja für viele der Franzosen der höheren Schichten so etwas wie eine Befreiung bedeutete, und selbst die nicht eben freundliche preußische Besetzung großer Landesteile haben keine bedeutenden antideutschen Neigungen hervorgerufen; unter den Siegern waren die Russen am interessantesten, und die Engländer am meisten bewundert. Daß Henri Beyle den Namen des Geburtsorts Winckelmanns zum Pseudonym wählte, ist allerdings neben Napoleons Bewunderung für Goethes »Werther« ein Zeichen der Aufmerksamkeit, die man in Frankreich den führenden Persönlichkeiten der deutschen Kultur zu widmen beginnt.

Die Befreiungskriege sind auf dem Wege, auf dem die Deutschen zur Nation werden, das bedeutendste Ereignis seit der Reformation. Sie enden mit gewaltigen Enttäuschungen, die wiederum erhebliche und zum Teil verhängnisvolle Folgen für die weiteren Etappen dieses Weges hervorbringen. Für die aktiven und leidenschaftlichen Anreger und Führer der Erhebung ist die schwerste Enttäuschung, daß die deutschen Gebiete des Elsaß bei Frankreich bleiben; daß es nicht möglich gewesen ist, die Verluste aus dem Westfälischen Frieden und die ungerechten Eroberungen Ludwigs des XIV. rückgängig zu machen. Von dem zum größten Teil französisch sprechenden Lothringen ist weniger die Rede; hier ergibt sich nichts, was der sentimentalen, nationalen, künstlerischen Fixierung an das Straßburger Münster ähnelt. Die sich nun für anderthalb Jahrhunderte auftuende Elsaßfrage verstärkt die antifranzösische Tendenz der sich formierenden deutschen Nationalideologie. Die Elsässer, oder zumindest die große Mehrheit derjenigen, auf die es damals ankommt, die *notables* – Adel, Geistlichkeit, besitzendes Bürgertum –, fühlen sich als Franzosen und wollen bei Frankreich bleiben. Wenn sie auch politisch nichts mit dem Jakobinertum zu tun haben, so machen sie sich doch das voluntaristische nationale Konzept der Revolution zu eigen, das sich allerdings schon im *ancien régime* auf der Grundlage der politisch-kulturellen Suprematie Frankreichs im 17. und 18. Jahrhundert entwickelt hatte. Demgegenüber müssen die Wortführer der neuen deutschen Nationalidee ihren Begriff von Nation auf die überindividuellen, »natürlichen« Gegebenheiten von Sprache, Herkunft und Volkstum gründen, denen sich der einzelne nicht entziehen darf. Das Elsaß ist das Paradebeispiel, an dem sich diese Entwicklung ablesen läßt. Die Befreiung ist nicht vollendet. Auch nach der Rückführung Frankreichs hinter die Grenzen von 1789/92 bleibt nun ein ungegelöstes Problem zwischen den beiden Völkern, aus dem neue Konflikte entstehen müssen.

Zunächst allerdings ist die »äußere« Enttäuschung eine Angelegenheit, über die sich nur eine kleine Minderheit von Professoren, Studenten, von unzufriedenen heimgekehrten Freiheitskämpfern aufregt. Viel größere Bedeutung hat am Tag nach Kriegsende die »innere« Enttäuschung, die Verweigerung von Einheit und Freiheit. Die Nationalbewegung spaltet sich – die Spaltung geht quer durch viele Einzelpersönlichkeiten, sie schafft nicht nur kollektive, sondern auch individuelle Widersprüche: einerseits die liberale, in ihren Vorhuten bereits demokratische Tendenz und andererseits die autoritär-völkische, welche antirevolutionäres, mehr oder weniger fundamentalistisches Christentum, Antimodernismus, Romantizismus und Nationalismus zu einer gefährlich unsteten und explosiven Mischung kombiniert. Die Vertreter der letzteren wurden von der herrschenden reaktionären Bürokratie als Schwärmer gefürchtet und gleichzeitig als mögliches Instrument protegiert. Für die erste Tendenz ist in der Zeit zwischen 1815 und 1848 der freundschaftliche Blick über den Rhein selbstverständlich. In Frankreich hat die positive Aufklärung ihre allgemeingültigen Formulierungen gefunden, für die radikalen Flügel hat die Revolution Beispiele und Schlagworte geprägt, für die Gemäßigten geben die Restauration und besonders die Juli-Monarchie der konstitutionellen Monarchie Vorbilder. In ihr hat das Parlament, beherrscht vom besitzenden und gebildeten Bürgertum, die Macht des Adels und des Königs eingeschränkt und hält die gefahrdrohenden Ansprüche des Pöbels fest unter seiner Kontrolle. 1830 und besonders 1848 sind Daten der französischen Geschichte, deren Folgen sich über ganz Europa und insbesondere über Deutschland ausbreiten. Die aus Paris kommenden Impulse blieben weiter für das in Biedermeierprovinzialität vor sich hin lebende Deutschland von höchster, kreativer Bedeutung, ob es sich nun um politische Ideologie oder um literarische oder Kleidermoden handelte. Für

Frankreichs Geistesleben ist das Deutschland der Restauration in der Nachfolge von Madame de Staël faszinierend und ungefährlich. Während dort die Enttäuschung nach 1815 und die Resignation nach der autoritären Säuberung von 1820 zum Teil in unpolitische, aber hochinteressante Wissenschaftsarbeit umschlagen, gewinnt in Frankreich die systematische, streng auf sich selbst konzentrierte Wissenschaftlichkeit der deutschen Forschung ein gewaltiges Prestige. Die allmählich und dann immer schneller anlaufende deutsche Industrialisierung ist zunächst für Frankreich keine Konkurrenz, denn die weitsichtige preußische Handelspolitik kombiniert den Zollverein mit einem zu Frankreich geöffneten Zollsystem. Französisches Kapital spielt im Ausbau des deutschen Eisenbahnnetzes eine bedeutende Rolle.

In diese im großen und ganzen ruhige Entwicklung platzt mit einem hohen Grad von Absurdität die Krise von 1840. Was die Girondisten 1792 versucht hatten, was in der weiteren europäischen Geschichte immer wieder versucht werden wird (und von Frankreichs Regierenden bereits wieder im Jahre 1870), damit will Thiers seine schwankende innere Machtstellung stabilisieren: durch die Aufpeitschung nationaler Leidenschaften und Erfolge im äußeren. Das Unternehmen platzt ihm unter den eigenen Händen. Die Orientkrise wird zur Rheinkrise. Die ungeheure nationale Erregung in Deutschland zeigt, daß die Nationalideologie des radikalen Flügels der Befreiungsbewegung unter der restaurativen Oberfläche der Metternich-Jahrzehnte nunmehr in den Blutkreislauf der Nation eingedrungen ist.

Von den Universitäten ausgehend, in denen neben der strengen, asketischen Wissenschaftlichkeit die spekulative idealistische Philosophie und besonders die von ihr geleitete Geschichtsphilosophie in der Heranbildung des Führungs- und Vermittlungsnachwuchses eine immer größere Rolle spielen – Hegel–Schelling–Ranke sind das bedeutende Dreigestirn des nationalen Historismus –, breitet sich die »deutsche Ideologie« über die Gymnasien, die Presse und die Literatur im sich bildenden Volk aus. Die »Wacht am Rhein« erscheint wie ein Vulkanausbruch dieses unterirdischen oder zumindest wenig kommentierten und kaum kritisch beleuchteten Brodelns. Die deutsche Nationalbewegung um 1848 berührt Frankreich in der Tat nur wenig, dessen Beispiel für die Aufstände in Berlin und Wien ebenso Veranlassung gewesen ist wie für die Einberufung der verfassunggebenden Nationalversammlung auf der Grundlage des allgemeinen Stimmrechts. Die Abneigungen in der Nationalbewegung zielen auf die reaktionären Monarchien in Wien und Petersburg; der Konflikt bricht mit Dänemark aus und bahnt sich an mit Polen und Tschechen, mit Ungarn und Italienern. Das Scheitern der liberal-demokratischen Kräfte aber fördert die weitere Durchdringung des Volkes mit den Elementen des aggressiven, spezifisch antifranzösischen und autoritären Nationalismus, der sich zunehmend sowohl mit den Klasseninteressen der noch fest im Sattel sitzenden preußischen Großgrundbesitzers-, Offiziers- und Bürokratenaristokratie wie mit denen der neuen Industrie- und Bankkapitalisten kombiniert. Der Krieg zwischen Österreich und Frankreich im Jahre 1859 spaltet die nationalen Kräfte in Deutschland: Während die einen die entscheidenden Schritte für die nationale Einheit von Preußen erwarten und deshalb die Schwächung Österreichs wünschen, ist der größte Teil trotz der Abneigung gegen das supranationale autoritäre Regime in Wien bereit, die Präsidialmacht des Deutschen Bundes gegen den Nationalfeind Frankreich zu unterstützen. Die preußische Neutralität, bei deren Bewahrung Bismarcks Einfluß bereits eine bedeutende Rolle spielt, verhindert, daß der deutsch-französische Krieg nicht schon elf Jahre früher stattfindet.

Die wachsende Abhängigkeit der Außenpolitik des alternden Napoleon III. von einer zwar zahlenmäßig kleinen, aber tonangebenden und massenmobilisierenden nationalistischen Meinungsmache erklärt die sprunghaften, fast hektischen und gerade deshalb erfolglosen Versuche des Kaisers, für Frankreich territoriale Kompensationen im Ausgleich zu Preußens Machtzuwachs in den sechziger Jahren zu erwerben. Diese Bemühungen, die nicht geheimzuhalten sind, erzeugen in Deutschland ein Klima der Erregung und Entrüstung, welches seinerseits Bismarcks Taktik am Vorabend des 1870 ausbrechenden Kriegs ermöglicht, die mit größter Meisterschaft das neue Mittel der Presse systematisch zu nutzen versteht. Besonders der gescheiterte Versuch des französischen Herrschers, dem König von Holland Luxemburg abzukaufen – eine Falle, in die Bismarck den Napoleoniden gelockt hat, um ihn danach vor der Volksöffentlichkeit bloßzustellen –, bringt die antifranzösischen Gemüter aller Teile Deutschlands ins Wallen. Zwei »kochende Volksseelen« sind bereit, sich in einen Krieg zu stürzen, der für Bismarck nur ein Mittel zur Erlangung bedeutender und trotzdem beschränkter Erfolge sein soll – hier ist der große moderne Staatsmann noch ganz ein Mensch der alten Kabinettspolitik, die selten an Endsiege und definitive Niederwerfung eines Gegners glaubt, schon weil die anderen Mitspieler das nicht dulden können. Die Kräfte der modernen öffentlichen Meinung – man sollte sie besser die »öffentliche Fühlung« nennen, so stark ist sie beherrscht von irrationalen Impulsen –, diese Kräfte, zu deren Entfesselung, zu deren schneller Heranbildung Bismarck nicht unwesentlich beigetragen hat, werden ihn weiter treiben, als er ursprünglich vorhatte, und werden sein Werk nach ein paar Jahrzehnten zerstören. Geschaffen allerdings hat auch Bismarck diese Kräfte nicht, aber bei aller nüchternen Abschätzung der Geschichte – und die Furcht vor dem nicht mehr zurückzudämmenden Neuen in der Geschichte nimmt im Geist des alternden Kanzlers einen wachsenden Platz ein – hat er sich in bezug auf ihre Ausmaße und auf den sich überschlagenden Rhythmus ihres Zunehmens wohl doch geirrt.

Der Krieg ist der erste, den die Deutschen (fast) alle gemeinsam gegen Frankreich führen und gewinnen. Für jene, die von dem großen nationalen Siegeserlebnis ausgeschlossen bleiben – die Deutschen in Österreich –, wird der Sieg über Frankreich, wird die Reichsgründung ohne ihre Beteiligung der Anlaß zu einer Art von nationalem Trauma, das man durch Extremismus zu kompensieren sucht. Aus dieser Quelle (sie ist natürlich keineswegs die einzige) nährt sich der Nationalrassismus eines Schönerer, von dem ein direkter Weg zu Hitler führt. Preußens Siege unter Bismarcks Führung erzeugen in der deutschen Öffentlichkeit keineswegs ein Gefühl der saturierten Selbstbescheidung. Der machtpolitische Materialismus, der die Siege davongetragen hat, die dem liberalen Idealismus verweigert wurden, setzte sich als tragendes Element der nationalen Gestimmtheit durch. Monokeltragende Gardeoffiziere auf Plüschmöbeln hinter schweren Brokatgardinen, knarrende Leuteschinderstimmen und vulgarisierte Wagnermusik (die sich solcher Vulgarisation von ihrer doppelten Natur her keineswegs verweigerte) wurden Leitbilder und symbolische Leitmotive der neuen deutschen Gesellschaft, welcher Bankpaläste und Fabrikhallen, Armee- und Mietskasernen, Stilimitationen aller Art – so der berühmte neoromanische Bahnhof von Metz – als Hochburgen dienten. Auf einer solchen Grundstimmung konnte keine Beruhigung im deutsch-französischen Verhältnis eintreten. Die Nationalbewegung verwandelte sich in aggressiven Imperialismus. Sedan-Tage nährten den nationalen Überschwang, das aufprotzende Überselbstbewußtsein der Volksschullehrer, Pastoren und Gymnasialprofessoren. Aus dem Volk Wilhelm Meisters wurde allmählich eine Nation von Untertanen. Nach Bismarck, in dem ein Stück Wüterich mit dieser Entwicklung gleichklang, aber dessen Größe und Bescheidenheit vor Gott in ganz andere Zusammenhänge gehörten, wurde Wilhelm II., bramarbasierender

Schwächling, zum Vorbild der sich von sich selbst entfremdenden Nation.

Das soeben Vorgetragene ist natürlich ein Zerrbild, wenn man an all das Positive, hervorragend Schöpferische, geistig vorbildliche Humane denkt, das damals genauso zu Deutschland zählte und das Bild der Nation mitgestaltete. Trotzdem tut man dem deutschen Volke des Kaiserreichs wohl kaum unrecht, wenn man das Heranwachsen jener Kräfte betont, die sich dann zwischen 1933 und 1945 austoben sollten. Erst die heutige Bundesrepublik hat das Recht, ihre politische und kulturelle Ahnengalerie mit den Namen zu zieren, die damals und in den folgenden Generationen die unterliegenden und unterlegenen Minderheiten ausmachten.

In der Zeit zwischen 1871 und 1914 bleibt von Deutschland aus gesehen das Feindverhältnis zu Frankreich zunächst für das eigene Selbstverständnis wie für die staatliche Außenpolitik vorrangig. Mit der in der öffentlichen Meinung und dem Militär leicht durchgesetzten und ohne Volksabstimmung vollzogenen Annexion von Elsaß-Lothringen (ganz im Sinne des antiindividualistisch-nationalistischen Konzepts) war Frankreich in der Tat zum »Erbfeind« gemacht worden und Deutschland in die Furcht vor der französischen Revanche gebannt. Um die Jahrhundertwende fächert sich die Liste der Nationalfeinde weiter auf: England tritt als Gegner Nummer eins in den Augen vieler Deutschen an die Stelle Frankreichs, und auch die russische Gefahr wird als immer drohender empfunden. In einem Zeitalter, in dem die Verbindung zwischen Wirtschaft und Staatspolitik viel klarer erkannt wird als früher, ist England in der Tat der wichtigste Konkurrent Deutschlands im Streben nach einer auf Industrie und Handel aufbauenden Weltherrschaft. Die schon unter Bismarck einige Male mit halbem Herzen und halber Erfolgserwartung unternommenen Versuche einer Normalisierung des deutsch-französischen Verhältnisses bleiben trotzdem rasch stecken; so als letzte und vielleicht aussichtsreichste die Bemühung von Joseph Caillaux kurz vor dem Ersten Weltkrieg. Frankreich erscheint dem deutschen Nationalismus als dekadent; einer direkten Auseinandersetzung mit dem Deutschen Reich im Alleingang wäre es mit einer um ein Drittel geringeren Bevölkerung nicht mehr gewachsen. Dabei bleibt die kulturelle und besonders die künstlerische Anziehungskraft Frankreichs und zumal seiner Hauptstadt auf große Teile der deutschen Gesellschaft weiter äußerst wirksam; für die Malerei, die Literatur und weiter auch für die Mode wie für die Regeln des guten Verhaltens kommen die Modelle von den Ufern der Seine; noch gibt es ja in Europa eine »gute Gesellschaft« und eine zahlenmäßig beschränkte kulturelle Elite, in deren Kreisen sich Nachrichten und Innovationen schnell verbreiteten.

Aus französischer Sicht hingegen ist Deutschland zwischen 1871 und 1914 fast ausschließlich mit negativen Vorzeichen versehen, wenn auch der wirtschaftliche Aufstieg, die militärische Stärke, die Disziplin und Ordnungsliebe der Massen den feindlich gestimmten Franzosen eine Art von neidvoller Anerkennung abringen. Die Art und Weise, wie die öffentliche Meinung, von einer kleinen Minderheit extremer Pazifisten abgesehen, sich nicht mit dem Verlust Elsaß-Lothringens abfinden will – auf der linken Seite sowenig wie auf der rechten – und wie die Nation von den meinungsvermittelnden Notabeln, den alten (Adel, Geistlichkeit, Honoratioren) wie den neuen (Partei- und Gewerkschaftsfunktionäre, Volksschullehrer), auf die Revanche festgelegt wird, sollte als ein in der europäischen Geschichte ziemlich neues Element hervorgehoben werden. Bis dahin fanden sich die Staaten doch meistens nach einiger Zeit mit erlittenen Verlusten ab, und die Einwohner mußten folgen; man denke nur an das Beispiel Schlesien oder an die Einverleibung der südflandrischen Städte in das französische Königreich. Gewiß gibt es in dieser Zeitspanne von fast 50 Jahren auch andere Konflikte, die Frankreich gegen Italien und besonders gegen England mobilisieren; so hätte der Zwischenfall in Faschoda (Sudan) 1898 fast zu einem englisch-französischen Krieg geführt. Trotzdem bleibt im allgemeinen Gemenge der nationalistisch-imperialistischen Kräfte der Konflikt um Elsaß-Lothringen ein Sonderfall. Für fast alle Franzosen, die an der Bildung und der Darstellung der öffentlichen Meinung beteiligt sind, ist die Heimführung der verlorenen Provinzen *das* zentrale Anliegen der äußeren Politik.

*

Über die Schrecklichkeiten und Absurditäten des Ersten Weltkrieges braucht hier kein Wort verloren zu werden. Die qualitativen Ausmaße der Mobilisierung und der Verluste stellen alle früheren Geschehnisse in den Schatten. Die Propaganda, auf beiden Seiten, überschlägt sich in Haß und Lüge. Der Fortschritt des Bildungs- und des Informationswesens setzt die Totalität der Bevölkerung der vor keiner Niedertracht und keiner Unwahrscheinlichkeit zurückschreckenden psychologischen Kriegsführung aus. Von den Tribünen der Parlamente, von den Kathedern der Universitäten und von den Kanzeln der Kirchen herab werden die Gegner als Untermenschen dargestellt. Die Verzerrungen in Seele und Verstand Unzähliger werden definitiv sein. Seit dem Friedensschluß, mit dem Karthago seine Niederlage im Zweiten Punischen Krieg auf sich nehmen mußte, wurde kein Volk von einem anderen so bestraft, wie es die Bestimmungen des Versailler Vertrages mit Deutschland taten, die Frankreich seinen Verbündeten zum Teil erst nach hartem Widerstand abringen konnte. Allerdings hatten die alldeutschen Imperialisten nur nicht die Gelegenheit gefunden, ihre nicht kürzer reichenden, sondern eher noch triumphalistischeren Absichten zum Schaden Frankreichs zu verwirklichen. Der »Frieden« von Brest-Litowsk, wie er den Bolschewiken aufgezwungen wurde, die allerdings fest entschlossen waren, ihn nicht zu respektieren, läßt ahnen, was Frankreich im Fall eines deutschen Sieges auferlegt worden wäre.

Die fundamentale Einseitigkeit, die sture »Unfähigkeit zu trauern«, wie es nach dem Zweiten Weltkrieg in ähnlichem Zusammenhang formuliert wurde, halten in beiden Ländern die seit Jahrzehnten angelernte Feindschaft wach. Nun dürstet der *deutsche* Nationalismus nach der Revanche, während das ausgeblutete Frankreich in der Haltung des unbeugsamen Gläubigers erstarrt, der shylockmäßig die Ausführung des unter Zwang unterzeichneten Vertrags fordert. Hier die fatale Blindheit der französischen Politiker, mehr Steuereintreiber und Notare als Staatsmänner, und dort die verblendete Leidenschaft von völkischen Jakobinern *à l'allemande* – sie spielen einander die Bälle des Mißtrauens und des Hasses, der Verachtung und des Rachedurstes zu. Die Einsichtigen sind nicht zahlreich genug und haben zuwenig Macht. Selbst Briand und Stresemann, gewiß keine zu Chimären neigenden Idealisten, können die Versöhnung nicht durchsetzen. Für die Deutschen wird Frankreich wieder zum Hauptfeind, zum Hauptverantwortlichen, und daran trägt das offizielle Frankreich eine beträchtliche Mitschuld. Die der Niederlage entsprungene deutsche Demokratie wird als aufgezwungene, fremdartige Lebensform von einem großen Teil der Nation abgelehnt, deren Wortführer sich einflußreicher Medien bemächtigen. Wie in den früheren Spannungsperioden blüht der geistige Austausch trotzdem nach relativ kurzer Zeit wieder auf, mit einer bisher beispiellosen Intensität in beiden Richtungen. Noch nie, wenn man die Wirkung Wagners und Nietzsches in den Jahren vor dem Krieg ausnimmt, ist in Frankreich das Interesse an der deutschen Philosophie, an der deutschen Literatur (am Expressionismus, am Bauhaus, an der Romantik, an Marx, an Heidegger) so kraftvoll gewesen wie zwischen 1920 und 1933, aber auch die neuaufblühende französische Kultur – Proust, Valéry, Giraudoux – erlebt in Deutschland eine sofortige Rezeption. Zum ersten Mal gibt es auf diesem Gebiet ein echtes Gleichgewicht. Das schreckliche Kriegserlebnis erweckt bei beträchtlichen Minderheiten den Wunsch nach einer verstehenden Begegnung mit den »Kameraden von drüben«. Jugendgruppen brechen zu Treffen mit Jugendlichen des anderen Volkes auf, Haß und Furcht den abgelehnten Älteren überlassend. Jugendherbergen werden zu Stätten einer transnationalen Freundschaft, eines anregenden Sichkennenlernens. Zu spät und umsonst. Genährt von blinder Härte auf französischer, und von gierigem Machtwillen, gepaart mit betörter Kollektiverregung, auf deutscher Seite, bemächtigen sich Hitler und seine Mörderbande des deutschen Volkes, verführen es, reißen es mit, verschaffen sich seine Zustimmung zu ihren ebenso unrealisierbaren wie verruchten Plänen, die sie allerdings nur schrittweise und teilweise offenlegen. Frankreich, an seiner Widerstandskraft, seiner Widerstandsfähigkeit und seinem Widerstandswillen zweifelnd, erstarrt in Schmerzen und Furcht, versteckt sich hinter der trügerischen Sicherheit seiner Maginot-Linie.

Und wieder, wie 1686 und 1789, fließt eine Emigrationswelle über die deutsch-französische Grenze. Diesmal sind es deutsche politische Flüchtlinge und Juden, die in Frankreich Zuflucht suchen. Zwanzig-, dreißig-, vierzigtausend Menschen, ein Tropfen in der Masse der Nation – aber ein hoher Prozentsatz unter ihnen sind Intellektuelle, Schriftsteller, Professoren, Advokaten, Ärzte. An die vornehmen Stadtviertel gewohnt, lassen sie sich auf den Champs Elysées nieder, fallen auf, ziehen die Berufsängste der französischen Kollegen, die Abneigung der konservativen und noch mehr der rechtsradikalen Meinungsträger und Meinungsmacher auf sich. In Frankreich sammelt sich die Linke zu einer antifaschistischen Einheitsfront, vorläufig und brüchig, aber stark genug, um seit langem ausstehende Sozialreformen durchzusetzen – und um dem konservativen Teil der Bevölkerung einen apokalyptischen Schrecken einzujagen. Faschistische Gruppen organisieren sich in Frankreich, die mit Bewunderung nach Rom und trotz alles nationalistischen Deutschenhasses auch nach Berlin blicken. Die Volksfront ist trotz ihrer scharfen Gegnerschaft zum Nationalsozialismus unfähig, das Land in einen der Gefahr gewachsenen Verteidigungszustand zu setzen. Furcht und Resignation fördern einen Pazifismus, der nichts Humanes, Generöses in sich trägt wie doch der von links; der neue Pazifismus von rechts ist innenpolitisch aggressiv, antidemokratisch, antisemitisch und antibolschewistisch, er geht mit einem nach außen defaitistischen Nationalismus Hand in Hand, der die Diktaturen nachahmen und Frankreich in ihre Reihen einordnen will. Klasseninteresse und ideologische Besessenheit bereiten den Nationalismus des Landesverrats vor, der nach der Niederlage von 1940 zur offiziellen Politik des seiner republikanischen Substanz entkleideten *état français* wird. Nicht mehr die Revanche gegen Deutschland wird vorbereitet wie vor 1914 – noch bis 1936 hätte ein starkes Auftreten Frankreichs Hitlers Erfolgskartenhaus höchstwahrscheinlich zum Einsturz gebracht –, sondern die innenpolitische Revanche der seit siebzig Jahren von der Macht ausgeschlossenen französischen Reaktion in zum Teil neuem, faschistischem Gewande.

Diejenigen, die mit Talent, Ressentiment und Autorität in den rechtsradikalen Blättern protestieren, Frankreichs Jugend solle nicht *mourir pour Dantzig* (für Danzig sterben), wollen eine neue, für sie siegreiche Phase des endlosen französischen Bürgerkrieges und nehmen dafür die Unterordnung unter Hitlers Hegemonie in Kauf. Vielleicht machen sie sich zum Teil auch Illusionen darüber, welche Bedeutung ein französisches Bündnis für Hitler hat – ebenso wie ihre heutigen Nachfahren sich Illusionen darüber machen, welche Bedeutung Frankreich für die Sowjetunion besitzt. Diese Illusionen werden nach dem Zusammenbruch von 1940 immer illusionärer. Lieber spielt man den Oberaufseher von Hitlers Gnaden in einem seiner nationalen Unabhängigkeit beraubten Frankreich, als daß man in einem demokratisch-gleichmachenden sozialistischen Frankreich seiner Privilegien verlustiggeht. Nur kleine Minderheiten faschistischer Aktivisten oder großbürgerlicher Verschwörer führen vor 1940 diese Logik zu Ende, aber in weitesten Kreisen breitet sich eine Haltung der Unlust, des »Wozu auch?«, des Sicht-nicht-beteiligt-Fühlens aus. Unsicher und apathisch führen die Verantwortlichen eine Politik, die, wie vorauszusehen war, scheitert, weil sie die radikale Vehemenz der Hitlerschen Ambitionen nicht verstehen können und nicht verstehen wollen, und damit zu einem geistig-politisch-ideologisch schlecht vorbereiteten Krieg führt. Materiell ist er ebenso schlecht vorbereitet. Im Hintergrund und im kollektiven Unterbewußtsein spielen bei dieser tragischen Entwicklung (auf dem Papier ist Frankreich 1939 noch immer die stärkste Militärmacht der Welt) wohl auch die ungeheuren Menschenverluste des Ersten Weltkrieges eine bedeutende Rolle. Die biologische Substanz der Nation hat der Erste Weltkrieg viel stärker als die der Deutschen verletzt. Die Überlebenden von 1914/18 haben den Zahlen (und nicht nur den Zahlen) entsprechend weniger Kinder gezeugt. Die Jahrgänge zwischen 20 und 25 Jahren sind besonders menschenarm – und gerade diese würden in einem Krieg, der ähnliche Opfer fordern würde wie der erste, sicher fast ganz aufgebraucht, was wiederum zu noch größeren Substanzverlusten bei der nächsten Generation führen müßte. Von diesem Gesichtspunkt aus könnte man fast sagen, daß die defaitistische Politik der Rechten vor 1940 und ihr Kollaborationismus zwischen 1940 und 1944 das französische Volk biologisch gerettet haben – und daß sich so das in den Jahren 1942/44 weitverbreitete Märchen im tieferen Sinne bestätigt, demzufolge es zwischen Pétain und de Gaulle eine Art von Arbeitsteilungsabkommen gegeben hätte: Der eine bewahre die Substanz, der andere sichere die Rückkehr Frankreichs in die angestammte Großmachtstellung. Andere Gerüchte gingen sogar noch weiter: De Gaulle sei ein unehelicher Sohn Pétains!

Neben eingeborenen französischen Faschisten, reaktionären Revanchepolitikern und zynischen Strategen, die im Lager des Siegers sein wollten (das wäre etwas vereinfacht die Position eines Laval), gab es vor und nach 1940 noch ein nicht unbedeutendes romantisierendes Element, das sich vom großblonden Germanentum, von jugendbewegten Lagerfeuern, paradeschreitenden Parteitagsmassen, von einer kollektiven Rassenmystik angezogen fühlte, wohl zumindest nicht ohne und oft auch mit klar erkennbaren homoerotischen Tendenzen. So wie Frankreich auf die deutschen Demokraten und Liberalen lange eine immense Anziehungskraft ausgeübt hatte, als Heimatland der Menschen- und Bürgerrechte, so ging nun von Hitlerdeutschland eine verführerische Anziehungskraft auf jene Franzosen aus, die, von dunklen, zweideutigen, irrational schillernden Untiefen angelockt, von der eigenen Dekadenz sadomasochistisch besessen, sich von ihrer nationalistisch verkleideten Wut in den Nationsverrat treiben ließen.

### *Ein gesamteuropäischer Bürgerkrieg*

Die Deutschen in Frankreich! Wie oft ist es mir nach 1945 in Deutschland passiert, daß Männer, denen ich bei einem deutsch-französischen Erwachsenenbildungstreffen oder nach einem meiner Vorträge begegnete, gerührt zu mir von ihren schönen Erinnerungen an die Tage sprachen, die sie während des Krieges in Frankreich verbracht hatten, an die Freundlichkeit der Franzosen, an die keineswegs unzugänglichen netten Mädchen und an das gute Essen und Trinken. Daß bei mir solche Erinnerungen peinlich ankommen könnten, davon hatten die braven Leute nicht die geringste Vorstellung, und es handelte sich in den meisten Fällen keineswegs um ungebildete Männer. Dabei stimmten die vielleicht durch die zeitliche Distanz und die grau-bleiche Nachkriegsperiode etwas aufgehübschten Erinnerungen wohl im großen und ganzen. Viele Franzosen fanden viele Deutsche, mit denen sie es zu tun hatten, gar nicht so schlimm, viele biederten sich an oder suchten Geschäfte zu machen; bevor die Kämpfe mit der *résistance* an Härte wie an Bedeutung gewannen, verhielten sich die meisten deutschen Soldaten mindestens »korrekt«; auch soll die vereinte Wirkung der Propaganda, die von den Deutschen und ihren französischen Steigbügelhaltern im Norden sowie von dem zunächst von der großen Mehrheit als legitim angesehenen Vichy-Regime ausging, keineswegs unterschätzt werden, wenn sie auch durch die entgegengesetzte Information aus London in ihrer Ausbreitung eingeschränkt wurde. Für den durchschnittlichen, wenig aufgeklärten deutschen Soldaten, besonders wenn er im Osten oder auf dem Balkan gekämpft hatte, war ein Aufenthalt in Frankreich unter angenehmen Lebensverhältnissen in einem im ganzen heilen und von Bombenangriffen nur manchmal heimgesuchten Land mehr als nur Erholung, für viele fast eine Art von Vorgeschmack des Paradieses. Auch darf nicht unterschätzt werden, daß den aufgeklärten Leuten des Widerstands die Unterscheidung zwischen dem deutschen Volk und seinen nazistisch-sozialistischen Machthabern durchaus geläufig war. Natürlich gab es im Widerstand einen nationalistischen Flügel, und auch bei den »antifaschistischen«, ja selbst bei den betont christlich bestimmten Elementen hatte man es oft schwer, den Deutschen als solchen keine Mitverantwortung aufzuerlegen für das, was Hitler und seine Leute im Namen des deutschen Volkes taten. Trotzdem kam es hier zu Unterscheidungen, die zwischen 1914 und 1918 kaum gemacht wurden; hier und dort waren deutsche Emigranten in der *résistance* aktiv, unter den Führern wußten viele etwas vom deutschen Widerstand, von der deutschen Opposition gegen nationalsozialistische Herrschaft. Auf der entgegengesetzten Seite trafen gebildete, kultivierte Deutsche – auch in Naziuniform – besonders in Paris auf Intellektuelle und Künstler, die, politisch indifferent, mit ihnen mondän oder sogar mit einer gewissen Komplizenschaft verkehrten. Ein Ernst Jünger ist in jener Zeit in Paris nicht unglücklich gewesen, und viele seiner Dinerpartner wußten nichts von dem sich vorbereitenden verzweifelten Versuch des 20. Juli 1944, zu dessen mehr oder minder informierten Mitwissern er gehörte. Dafür wurden seine »Marmorklippen« von Teilen der jungen *résistance* als eine ungeheuer packende und aufklärende Analyse des Nationalsozialismus aufgenommen und verwendet. Solidaritäten und Querverbindungen deuteten sich an, die nach 1945 zum Teil in die sich schnell anbahnende Neuentwicklung der deutsch-französischen Beziehungen einbezogen werden.

*

Zu diesem Kapitel gehört auch die immense Völkerwanderung der französischen Kriegsgefangenen in Deutschland. Daß es diesen zwei Millionen Menschen immer und überall gut gegangen sei, kann niemand behaupten; daß viele ein keineswegs nur negatives Erlebnis mit nach Hause brachten, stimmt aber ebenfalls. Noch nie hatten so viel Franzosen über so lange Zeit im Kontakt zu Deutschen gelebt, und in vielen, ja wohl den meisten Fällen auch zu deutschen Zivilisten. Die verschiedensten, ja entgegengesetztesten Erfahrungen wurden dabei gemacht; besonders auf dem Lande und in den späteren Kriegsjahren wurde die Verbindung oft sehr eng, ja intim. Nach unserer Befreiung aus dem KZ Dachau sahen meine Kameraden und ich selbst mit einem gewissen Erstaunen die zahlreichen französischen Fahnen, die von oberbayerischen Bauerngehöften wehten: Dort hatte der französische Kriegsgefangene es unternommen, Haus, Hof, Frau und Kinder gegen amerikanische Soldaten und *Displaced Persons* aller Art zu schützen. Manch einer hatte die Nachfolge des gefallenen oder verschollenen Hausherrn in allen Räumen des Hauses angetreten. In späteren Jahren konnte man in vielen ländlichen Gegenden Frankreichs feststellen, daß von den aus Deutschland heimgekehrten ehemals kriegsgefangenen Söhnen einiges unternommen wurde, um Betrieb und Wohnung zu modernisieren. Der Impuls stammte von dem in Deutschland erfahrenen Beispiel.

*

Die Beweggründe der Männer und Frauen, die während der deutschen Besetzung Widerstand leisteten, die Organisationen aufbauten oder ihnen beitraten, die isoliert oder in einem größeren Zusammenhang handelten, die Attentate vorbereiteten und durchführten oder Flugblätter verfaßten, druckten und verteilten, waren höchst verschieden und änderten sich auch im Lauf der Jahre, weil man älter wurde, Neues erfuhr und tiefer nachdachte. Die Notwendigkeit, gegen das Vichy-Regime zu kämpfen, wenn man gegen die Besetzer kämpfen wollte, veränderte das politische Weltbild vieler *résistants*, die zunächst nur vom antideutschen Patriotismus angetrieben waren. Schon sehr bald nach Hitlers Angriff auf die Sowjetunion übertrafen die Kommunisten alle anderen Elemente der *résistance* mit der Vehemenz ihres nationalistischen, antideutschen Vokabulars, während ihre Verantwortlichen nach der Niederlage von 1940 zunächst versucht hatten, sich bei den Deutschen im Geiste des Hitler-Stalin-Paktes Vorteile für die Partei zu verschaffen. Zu den wichtigsten Feldern, auf denen die *résistance* in direktesten Kontakt zu Deutschland und zu Deutschen der verschiedensten Typen kam, gehörten natürlich die Konzentrationslager. An die 200000 Männer und Frauen wurden, als des Widerstands überführt oder verdächtigt, in deutsche KZs deportiert (die Judendeportationen sind in dieser Zahl nicht mitgerechnet). Viele Zehntausende sind dort umgebracht worden oder gestorben. In den Lagern stießen die auf solche Erlebnisse nur in den seltensten Fällen vorbereiteten Franzosen auf grausame SS-Leute und verbrecherische Kapos, aber auch auf deutsche politische Häftlinge, Sozialdemokraten, Kommunisten, Zentrumsleute, Konservative, auf Priester in großer Zahl, die der schwelende Kampf des Nationalsozialismus gegen das Christentum zu aktiver Gegnerschaft gezwungen hatte. Für viele französische Deportierte waren alle Deutschen zunächst gleich verabscheuungswürdig, aber manche andere entdeckten in den Deutschen, die zum Teil schon seit vielen Jahren im KZ lebten, Bundesgenossen in einem Kampf, der quer durch die Nationen ging. Dies Erlebnis bestimmte dann bei zahlreichen *résistants* und *déportés* die Haltung, die sie nach dem Kriege gegenüber Deutschland und den Deutschen einnehmen sollten.

# III.
# *L'Allemagne de nos mérites* – Deutschland, wie wir es verdienen

*Am 10. Februar 1944 wurde ich von der Gestapo in Paris verhaftet und im Gefängnis von Fresnes eingekerkert.*
*Anfang Juni 1944 wurde ich in das Durchgangslager Compiègne-Royallieu überstellt.*
*Vom 2. bis 5. Juli 1944 wurde ich mit dem* train de la mort *(ca. 900 Tote von 2400 Transporthäftlingen) ins KZ Dachau verbracht.*
*Am 29. April 1945 wurde das KZ Dachau von den Amerikanern befreit.*
*Am 1. Juni 1945 kam ich nach Paris zurück.*

Am 1. Oktober 1945 veröffentlichte ich in der Monatszeitschrift *ESPRIT* den nachfolgenden Beitrag.

Nun ist also der Moment des Schweigens gekommen. Die dunkle Stimme schweigt, die seit Jahrhunderten Europa in Atem hält. Furchtbarer als die große Leere des Interregnums im Mittelalter hinterläßt der Sturz des Dritten Reichs das deutsche Volk: stumm, zerrissen, jeder Macht über sich selbst beraubt, fremden Händen ausgeliefert. Europa muß nun weiterleben, während anstelle seines Herzens ein leerer Raum gähnt, ohne Leben und ohne politischen Willen. Deutschland, aus eigener Schuld, wird uns allen fehlen. Welch ein Absturz! Niemals war es (so) siegreich gewesen wie im Jahre 1940, aber niemals noch ist eine europäische Großmacht so besiegt gewesen wie Deutschland heute. Angesichts dieser beispiellosen nationalen Katastrophe war kein Sieg Frankreichs reiner als der jetzige, am Ausgang eines mitleidlosen Krieges, der gegen seine territoriale wie gegen seine menschliche Existenz geführt wurde, gegen die geistigen Werte, von denen es sich nährt, am Ende eines Krieges, der reiner gewesen ist als alle anderen, weil er von Menschen geführt wurde, die den Krieg haßten und die sich freiwillig zum Einsatz bereit gefunden hatten, zu einem Kampf, der von jedem Machtwillen rein war. Am Ende dieses Kampfes, des beängstigendsten und des reinsten seiner Geschichte, weil diesmal das Recht und alle Rechte ohne Abstriche auf seiner Seite standen, muß Frankreich die Last Deutschlands tragen, jenes Deutschland, das sich gegen das Recht und den Menschen erhoben hatte und das nun dieses höllische Unternehmen mit einer nationalen *diminutio capitis* bezahlen muß.

Ein derartiges vollständiges Erlöschen der nationalen Souveränität, die eines der großen Völker Europas schlägt, stellt eine Tatsache dar, die so neu ist, daß wir sie nicht ohne weiteres Nachdenken übernehmen können. Selbst wenn es sich nur um ein Provisorium handelt (wie es die Potsdamer Erklärung ankündigt, die für eine ferne Zukunft die Wiedererrichtung einer deutschen Regierung ankündigt), so ist dies ein Provisorium, das wahrscheinlich von ziemlich langer Dauer sein wird, und während dieser Zeit werden die Besatzungsmächte alle die Rechte und Gewalten ausüben, die normalerweise einer Nationalregierung zustehen. Das deutsche Volk ist unter die Vormundschaft der Vereinten Nationen gestellt, und so ist Frankreich aus doppeltem Recht Vormund der Deutschen geworden, als Mitglied der UN und als ihr Delegierter in seiner Besatzungszone. Die Regierung der Republik steht vor einer Aufgabe, die juristisch wie politisch praktisch ohne Beispiel ist. Eine solche Aufgabe jedoch kann die Regierung nicht allein übernehmen. Damit sie im Auftrag des französischen Volkes handeln kann, damit sie im Namen der Nation sprechen und entscheiden kann, muß sie das Problem der Besetzung Deutschlands ins Auge fassen, das nun einen der wesentlichsten Faktoren der französischen Politik bilden wird. Die Verantwortung der Regierung vor dem gewählten Parlament gründet sich moralisch wie rechtlich auf das Bewußtsein, das der Bürger von seiner Verantwortung für die Politik seines Landes besitzt. Ihm steht es zu, die großen Linien und den Geist dieser Politik festzulegen. Wenn der Bürger sich nicht um das kümmert, was in seinem Namen geschieht, verzichtet er auf sein Stimmrecht, und die Demokratie bleibt ein leeres Wort. Die deutsche Frage aber nimmt im höchsten Maße die Verantwortung Frankreichs in Anspruch. Ihre wirtschaftlichen, politischen, gesellschaftlichen und moralischen Gegebenheiten haben bereits und werden ein entscheidendes Gewicht für die Zukunft der Besatzungsmacht besitzen. Es ist dieses gewiß kein leichtes und kein populäres Problem. Objektiv gesehen haben die fünf dunklen Kriegsjahre alle deutschen Angelegenheiten so tief verändert, daß die Informationen, die ein französischer Bürger über diese besaß, heute wertlos sind und daß auch die sachkundigen Informatoren der öffentlichen Meinung heute verwirrt vor dem Ausmaß eines unbekannten Kontinents stehen, der gleichzeitig ein Ruinenfeld ist. Vom subjektiven Standpunkt aus gesehen haben die Franzosen durch Deutschland so viel gelitten, daß sie ihm gegenüber kaum eine andere Reaktion haben können, als seinen

Untergang zu wünschen, um es definitiv vergessen zu können, nicht ohne vorher Rache und die notwendigen Reparationen von ihm erhalten zu haben.

Wir dürfen aber unsere eigene erneuerte Demokratie nicht einweihen, indem wir dergestalt ein Problem unter den Tisch fegen, von dem zum Teil unsere Zukunft abhängt. Es ist nicht denkbar, daß man aus der Besetzung Deutschlands eine »reservierte Angelegenheit« für Verwaltungsleute und Militärs macht, von der sich das souveräne Volk desinteressiert abwendet. Das wäre eine seltsame und gefährliche Abdankung des Bürgergeistes, selbst wenn die deutsch-französischen Beziehungen nicht die ganze Vergangenheit der Nation beherrscht hätten; wie könnte man ertragen, daß die Haltung des französischen Volkes in bezug auf die deutschen Angelegenheiten an die der Deutschen angesichts der »Politik« erinnert, welche von ihren Machthabern in Frankreich und in den anderen besetzten Gebieten durchgeführt wurde: Schweigen, Unwillen, abgewendete Blicke? Zu Beginn unseres Jahrhunderts haben die beiden großen europäischen Koalitionen ohne einzugreifen dem Massaker zugesehen, dessen Opfer die Armenier waren, Massaker, mit dem in der modernen Geschichte das Zeitalter der neuen menschlichen Hekatomben begonnen hat, und seitdem haben wir gesehen, wie die Methoden der unbegrenzten Macht von einer Nation auf die andere übergreifen und wie die Opfer selbst, im Maße ihres Leidens, dieser Ansteckung sich nicht entziehen können. Wenn die Aufmerksamkeit der Franzosen sich nicht mit den deutschen Angelegenheiten befaßt, wird die Reinheit unseres Siegs ihren Glanz verlieren.

Eine derartige politische und intellektuelle Karenz wäre um so gefährlicher, als in diesem geschichtlichen Zeitpunkt Frankreich mit allen Flammen des Geistes glänzen muß, um den unvermeidlichen Rückstand seiner wirtschaftlichen Produktion und damit seiner materiellen Macht aufzuholen und auszugleichen. Die Regierung hat es nicht leicht gehabt, den beachtenswerten Platz zu erwerben, den Frankreich heute in Deutschland einnimmt. Sollen wir den Amerikanern zeigen, daß unsere Fähigkeit, uns neuen Problemen zu stellen, ebenso unzulänglich ist wie unsere Industrieproduktion? *Sie* haben sich auf die Aufgabe der Besetzung Deutschlands seit ihrem Kriegseintritt vorbereitet. Ihre öffentliche Meinung sorgt sich manchmal sogar mit Leidenschaft um diese Fragen, die sie doch im Grunde weniger direkt betreffen als uns. Gewiß, Amerika ist nicht besetzt worden und hat keine Widerstandsbewegung hervorbringen müssen. In Frankreich mußte der Geist des Widerstands im Moment des Aufstandes die fehlenden Kanonen und Maschinengewehre ersetzen, die fehlenden wirtschaftlichen und politischen Vorarbeiten bei dem Aufbau der Vierten Republik und die fehlende technische und moralische Vorbereitung für die Besetzungspolitik in Deutschland. Man kann nur bestürzt sein, angesichts einer solchen Aufgabe, von der unglaublichen Frivolität, mit der ein Teil der französischen Intelligenz (und gerade derjenige, der in den Zeitungen schreibt und – viel zu oft – statt den Erziehungswillen auszudrükken, die durchschnittliche öffentliche Meinung reflektiert) das Absinken Frankreichs akzeptiert, ohne sich wirklich darüber Rechenschaft zu geben, und das auf Gebieten, die doch zu ihrer, der Intellektuellen, eigensten Kompetenz gehören, wie die intellektuelle Spekulation, das politische Denken, die Wissenschaften vom Menschen. Dabei ist es doch klar, daß unsere einzige Überlegenheit für lange Jahre in den Unternehmungen des Geistes angesiedelt ist. Die Deutschen, und hinter ihnen alle Völker Mitteleuropas, sind trunken von Prestigepolitik, technischer Effizienz und materieller Macht; sie beurteilen Frankreich mit dem Blick auf die Niederlage von 1940. Sie wissen, daß Jugoslawien, ja selbst Italien ebenfalls *maquis* gehabt haben. Sie wissen, daß es amerikanische Waffen gewesen sind, mit denen die französische Armee den Rhein und die Donau überschritten haben. Sie wissen ebenfalls, daß die Einwohner der angelsächsischen Zonen besser ernährt sind und daß die Besatzung dort keine Reparationen erhebt, um das tägliche Leben ihrer eigenen Nation zu sichern. Sie wissen, daß in der sowjetischen Zone die politische Säuberung schneller und mit größerer Effizienz vor sich geht. Es ist infolgedessen nötig für die Lage, für das Leben Frankreichs in Europa, daß die französische Besetzung besser sein soll als die der anderen, gewiß nicht im Sinne des materiellen Überflusses (woher sollten wir ihn nehmen) und auch nicht in dem der Demagogik oder einer falschen »Verbrüderung«, sondern die kenntnisreichste und die menschlichste. Sie kann dann gleichzeitig die härteste sein, die Deutschen selbst, die die Stärke respektieren, werden dies leicht akzeptieren. Unsere Besetzung muß eine moralische und geistige Spur hinterlassen, eine ebenso tiefe Spur wie diejenige, die die Heere der Ersten Republik in den Zügen durch Europa hinterlassen haben, von Illyrien bis nach Dänemark.

Damit sind wir im Herzen des Problems. Die Besetzung ist für die neue Französische Republik eine Gewissensfrage. Sie ist, vor den Augen der zusehenden Völker Europas, das Maß, mit dem unsere Fähigkeit der Erneuerung gemessen werden wird. Hier aber, noch mehr als in Frankreich selbst, drängt uns die Zeit. Es wird schwierig sein, die bereits verlorenen drei Monate einzuholen. Je mehr Frankreich unter Deutschland gelitten hat (und laßt uns nicht sagen »unter einem gewissen Deutschland«, laßt uns sagen, daß ganz Deutschland für das deutsche Schicksal und für die deutsche Politik verantwortlich war, so wie ganz Frankreich die Verantwortung für die Politik seiner Besatzungstruppen trägt), um so mehr schuldet es sich selbst, daß Deutschland nicht unter Ungerechtigkeiten und Unordnungen derselben Natur zu leiden hat wie die, welche Deutschland Frankreich zugefügt hatte. Es handelt sich darum, ob der Respekt der Menschenrechte, der Würde der menschlichen Persönlichkeit die lebendige und gelebte Doktrin der *résistance* ist oder nur ein leeres Wort, hinter dem sich die Müdigkeit, die intellektuelle Feigheit, der »Materialismus« der Franzosen verbergen. Die vom Faschismus ererbten Zweideutigkeiten verwirren die Geister, wo kein Zaudern erlaubt sein darf. Wir können die Menschenrechte nicht durch einen Gegenrassismus mit umgekehrtem Vorzeichen korrigieren, der uns ein Recht auf Rache, auf Blutrache, geben würde. Ob sie direkt oder indirekt Verantwortung für die Hitler-Verbrechen tragen – die Respektierung der Menschenrechte gibt uns gegenüber den Deutschen ein einziges Recht, das gleichzeitig eine Pflicht ist: die Gerechtigkeit. Nicht ihnen schulden wir sie zuerst, sondern uns selbst. Jedesmal, wenn die Menschenwürde in meinem Gegner beleidigt wird, wird sie in mir selbst verwundet. Erinnern wir uns in Frankreich nicht mehr, daß es 1939 darum ging, uns für Danzig zu schlagen? Die Kämpfer des *maquis* im Jahr 1943 haben sich für Danzig geschlagen, ebenso wie für Tschungking[1] (und dabei ist es gleichgültig, ob die Einwohner von Danzig gute Nazis und besonders gute Deutsche waren). Die Freiheit und die Gerechtigkeit waren für alle die gleichen. Sollen wir jetzt vielleicht die Vorstellung übernehmen, daß es zwei Rassen in der Welt gibt, diejenige, die für die Rettung der Menschenwürde gekämpft hat, und diejenige, die, weil sie sich gegen diese Würde erhoben hat, nun von ihr ausgeschlossen und aus ihr ausgestoßen sein soll, so daß die Sieger sie ungestraft erniedrigen dürften?

Wir wissen nicht, ob in diesem Augenblick die Menschenwürde verletzt wird in der Person dieses oder jenes Einwohners der französischen Besatzungszone. Wir sehen zunächst nicht ein, warum eine Besatzung von F.F.I.[2] oder durch Soldaten der französischen Afrikaarmee schlimmer sein sollte als die von *Texas Rangers* oder von sibirischen Schützeneinheiten. Das ist auch

1 Die Hauptstadt der westchinesischen Provinz Szetschuan war während des Zweiten Weltkrieges der Sitz der Regierung Tschiang Kai-schek, die den Widerstand gegen Japan organisierte. (Anm. J. R. 1985)

2 *Forces françaises libres*, der Sammelname für die Widerstandskämpfer im Jahre 1944. (Anm. J. R. 1985)

nicht die Frage. Was uns bewegt, ist, daß das moralische, geistige und politische Problem der Besetzung sich im Augenblick dem französischen Gewissen nicht so stellt, wie es nötig wäre. Die universalistische Berufung, die eigentliche Berufung des französischen Geistes, scheint zu schlafen. Für alles, was in der Welt geschieht, tragen wir Verantwortung, indviduelle und nationale Verantwortung, zusammen mit allen anderen Menschen, mit Deutschen, Japanern und Zulus, mit ihnen allen teilen wir das Menschsein, die *conditio humana*. Besonders aber geht uns *das* an, was in unserer Weltzone vor sich geht, und ganz besonders in unserer Zone Deutschlands. Wir wissen nicht, ob das, was dort vor sich geht, Verurteilung verdient; was uns die Zeitungen davon berichten, sagt uns nichts, gibt höchstens einen Eindruck von Durcheinander und Wirrwarr. (Keine Zensur, sei im Vorbeigehen gesagt, entschuldigt die geradezu meisterschaftliche Art und Weise, mit der die dortigen französischen Korrespondenten an den wichtigsten Fragen vorbeischauen.) Ein dauerhaftes Sich-nicht-interessieren-Wollen der öffentlichen Meinung und besonders jener »intellektuellen Macht«, welche unsere Zeitschrift[1] umschreibt und darstellt, wäre ein tragisches Zeichen. Jeder Franzose, der heute für eine Parzelle Deutschlands verantwortlich ist, handelt, richtet, verurteilt und regiert im Namen Frankreichs. Wie ist sein Geist auf dieses Amt, auf diese Verantwortung vorbereitet worden?

Die Gleichgültigkeit gegenüber dem Universalen ist der schreckliche Krebsschaden, den der Faschismus in unseren Herzen hinterläßt. Der Realismus der kleinen Probleme, der kurzen Tage, des kleinen Verrats und der kleinen Konzessionen hat das Vichy-Frankreich von einem Nachgeben zum anderen bis zur Verleugnung der geistigen Werte geführt, auf denen Frankreichs

1 *ESPRIT*, eine damals wie heute hochgeachtete Monatsschrift, in der vor allem eine »linkskatholische« Tendenz zum Ausdruck kam. (Anm. J. R. 1985)

Existenz gründet. Wie kann man den Bürgergeist, ohne den die Demokratie ein leerer Rahmen für gegeneinander intrigierende Banden ist, anders definieren als das politische System, das jeden Bürger für die ganze Gemeinschaft verantwortlich macht, für ihr ganzes Gebiet, für alle ihre Völker? Die Gleichgültigkeit gegenüber den deutschen Problemen geht im Gleichschritt mit der alten Gleichgültigkeit gegenüber dem *Empire*, das jetzt *Union française* heißen soll[1], und aus der man nur erwacht (und dann sehr oft aus schlechten Gründen), wenn die nationale Eitelkeit sich verletzt wähnt. Vor noch nicht einmal zwanzig Jahren erweckten die Kampagnen von André Gide für die Schwarzen in Afrika eine immense Erregung. Wer von uns fühlt sich heute noch fähig, zu leiden und zu protestieren, wenn in einem fernen Gebiet Ungerechtigkeit im Namen Frankreichs begangen würde? Viele Franzosen haben so viel gelitten, daß sie heute zu müde sind, um auf die Schreie der Opfer zu hören. Welch erschreckendes Zeichen, wenn unser eigenes Leiden uns dem Leiden der anderen verschließt! Die Erfahrung, die wir aus den Deportations- und Vernichtungslagern mitbringen, macht uns hellhörig gegenüber allen Abdankungen des Geistes, die alle untereinander verbunden sind, als Ernte des nihilistischen und faschistischen Samens. Auf allen Gebieten und angesichts aller Bedrohungen ist die *résistance* zuallererst Protest.

Indem wir Deutschland besetzen – und was auch immer dort unsere Politik sein wird –, verbinden wir es mit unserem eigenen Schicksal. Als Mündel – und wäre es selbst unter dem Regime einer Besserungsanstalt für schwererziehbare Minderjährige – gehört es jetzt zur *Union française*[2]. Für unser eigenes Schicksal wiegt Deutschland schwerer als viele unserer großen Kolonien.

1 das heißt den Kolonien (Anm. J. R. 1985)

2 Das Konzept der U.F. war von de Gaulle anstelle des Kolonialreiches, des *Empire*, formuliert worden. (Anm. J. R. 1985)

Vergessen wir nicht, daß Deutschland fähig gewesen ist, ganz Europa mit sich in den Abgrund zu reißen. Erinnern wir uns an die Stellung Frankreichs in der Welt von 1939 und an den Platz, den es heute einnimmt. Mit einem zerschmetternden und entscheidenden Beweis hat Deutschland die Solidarität unseres Schicksals bewiesen. Wenn großes Leiden und große Schmerzen unsere Besatzungszone treffen werden (und wie soll sie dem Hunger entgehen, wenn Frankreich selbst sich kaum ernähren kann), sollen dann die Franzosen beiseite stehen und die Augen zumachen wie die Einwohner von Dachau, wenn die KZ-Häftlinge vorbeizogen? Sollen wir Deutschland ernähren, das für unsere Übel verantwortlich ist? Und wie sollten wir das anstellen? Darauf weiß auch ich keine Antwort. Frankreich ist arm. Wir können hier keine konkreten Vorschläge machen. Aber eine Diskussion muß eröffnet werden, Unruhe muß gesät werden. Die Franzosen schulden Deutschland weder Vergessen noch Zärtlichkeit. Sie schulden sich selbst, daß in Deutschland Gerechtigkeit herrscht, eine strenge, unbeugsame Gerechtigkeit. Sie schulden sich selbst, daß ihre Vertreter im besetzten Deutschland jene Prinzipien vertreten und anwenden, die wir gegen den Faschismus verteidigt haben. Je mehr unsere Feinde die Züge des menschlichen Gesichts ausgelöscht haben, um so mehr müssen wir diese in ihnen selbst respektieren, ja sogar verschönern. Unsere Prinzipien sind universal. Es genügt nicht, daß wir sie bei uns und in uns gerettet haben; solange irgendein Flecken Erde sich ihrer Macht entzieht, sind wir schuldig. Diejenigen, die im Widerstand den Kampf ihres Machtwillens gegen einen anderen gesehen haben, sind hier fehl am Platze. Sie können ja versuchen, aus Deutschland ihre Reservatjagdgründe zu machen. Aber wenn ihnen dies dort gelingt, was werden sie in Frankreich unternehmen, wenn die Zeit ihnen einmal wieder günstig ist? Die Gewissensfrage, vor die uns das faschistische und Hitlerische Deutschland stellte, stellt sich aufs neue, immer noch, für immer. Jeder Franzose, in dem Maße, in dem er der Mann seines kleinen

Gartens bleibt, seines kleinen Realismus, seines kleinen Sieges, des kleinen Frankreichs, trägt in sich dieselbe Zustimmung zu der herrschenden Macht, zu der herrschenden Ungerechtigkeit, die einst den deutschen Geist ruiniert hat und die Grundlage des Faschismus bildet. Der Kampf geht weiter zwischen den Männern des Machtwillens – gestützt auf die Menge der Gleichgültigen, derjenigen, die keine Vorstellung haben von dem, was vorgeht – und denen, die die Würde des Menschen erhöhen wollen. Das besetzte Deutschland wird einer der Schauplätze dieses Kampfs sein, ein Schauplatz voller Zeugen.

*

Die Alliierten werden Deutschland »umerziehen«. Engländer, Amerikaner, Russen, um von Polen und anderen kleinen Nationen erst gar nicht zu reden, werden den Deutschen eine Kenntnis beibringen, die *sie* besitzen und welche die Deutschen nicht haben. Wir müssen hier die Frage nach dieser Umerziehung von einem Gesichtspunkt aus betrachten, der allen technischen Problemen vorausgeht: Welche Kenntnis besitzen wir, die die Deutschen nicht haben? Erst dann kommt die Frage: *Wie* kann man eine Nation belehren, das heißt Geister, die festgelegt oder sogar festgefroren sind, sowohl durch eine gemeinsame Tradition wie durch eine individuelle Vergangenheit, und keineswegs Kinder ohne jedes vorhergehende Wissen, das den zu erwerbenden Kenntnissen nicht entgegensteht? Und letzthin, wie kann man sich die Unterrichtung einer Nation durch andere Nationen vorstellen, wo doch bisher deren öffentliche Beziehungen nur wirtschaftlicher und militärischer Natur gewesen sind? Da man nun bei den Alliierten der Überzeugung ist, daß in Zukunft die Beziehungen zu Deutschland sich nicht auf die Säuberung, die Entmilitarisierung und die Entindustrialisierung sowie die Erhebung von Reparationen beschränken können und daß eine Umerziehung nötig ist, gehen wir nicht leichtsinnig an diesem zentralen Punkt des Besatzungsproblems vorbei! Auch hier müssen wir an erster Stelle die Verpflichtungen ins Auge fassen, die Frankreich treffen – ohne deshalb die Methoden außer acht zu lassen, welche unsere Verbündeten in ihren Zonen anwenden (wir könnten uns insbesondere fragen, ob die gegenwärtig von den Polen angewandten Methoden dazu geeignet sind, den Deutschen die neue demokratische Kenntnis zu übermitteln). Allerdings fehlen uns darüber noch Informationen und Kontrollmittel (während einige unserer Verbündeten in unserer Zone stark vertreten sind und dort aktiv arbeiten). Beginnen wir also damit, daß wir uns fragen, welche Kenntnisse Frankreich besitzt, die Deutschland nicht, nicht mehr, noch nicht hat. Welches ist, mit anderen Worten, der gemeinsame geistige Nenner des widerstehenden Frankreichs, der all jenen Franzosen gemeinsame Nenner, die während der Jahre der Verdunkelung und der Folterungen nicht gegen Frankreich gedacht und gehandelt haben? Wir haben ihn oben schon genannt: den Geist des Universalismus und der Menschenwürde. Ebenso wie Kenntnis ist er Tun, ein alle Taten unseres privaten und öffentlichen Lebens prägendes Denken. Wenn er aber gleichzeitig Denken und Handeln ist, wäre es zu nichts nützlich, wenn wir seine Prinzipien den »Schülern« beibringen wollten, ohne daß die Macht, die belehrt, diese Prinzipien auch selbst anwendet. Wenn Frankreich danach hungert, die Deutschen die Doktrin zu lehren, an die es glaubt und mit der es die Zukunft der Menschheit sichern will, muß es durch sein Beispiel, mit seinem Beispiel lehren. Abgestumpft durch ihren Fall und ihren Ruin, den Geist verdunkelt durch fünfzehn Jahre faschistischer Propaganda und durch die Abtrennung von jeder anderen Wissensquelle, haben die Deutschen vor den Lehren, die man ihnen aufzwingen will, nur eine Reaktion: »Schon wieder Propaganda!« Wenn die Menschenrechte nach unserem Willen etwas anderes sind als ein Propagandaartikel – der als solcher schon recht alt und abgenützt erscheint –, dann muß den Deutschen das Beispiel einer Regierung gegeben werden, die die Menschenrechte respektiert. Nicht nur die physische Person der unter unserer Verwaltung Stehenden muß gegen Ungerechtigkeit und Willkür gesichert sein, sondern auch ihre geistige Integrität. Als Beispiel für die Verletzung der geistigen Persönlichkeit zitiere ich hier die Erfahrung, die allen ehemaligen Deportierten gemeinsam ist: Nichts wirkte auf uns stärker demoralisierend, nichts trug mehr zur Zerstörung der inneren Würde bei als unsere völlige Ungewißheit, die alle Aktionen der Gewalthaber umgab, die über uns, ohne Appellmöglichkeit, die Macht besaßen. Was auch immer über uns beschlossen wurde, niemals hatten wir Recht auf die geringste Erklärung; wenn wir auf Transportlisten kamen, sollten wir in Unwissen bleiben in bezug auf das Reiseziel, den Bestimmungsort, die Dauer unserer Zwangsarbeit. Daher muß die der Natur der Dinge gemäße unbeschränkte Macht, die über die Deutschen in unserer Zone ausgeübt wird, sich den von ihr Verwalteten erklären, und sie muß sich an die von ihr gegebenen Erklärungen auch halten: Dies ist eine der Grundlagen der moralischen Sicherheit (auf die die Deutschen Anspruch haben – Anmerkung J. R. 1985). Gegen diesen Respekt den Verwalteten gegenüber aber lehnt sich naturgemäß jede Macht auf, wenn der Verwaltende sich nicht fortlaufend mit strenger innerer Disziplin korrigiert. Die Macht will Werkzeuge, nicht Personen. Wenn dieser Widerspruch bei aller nationalen Machtausübung über Personen der eigenen Nation besteht, um wieviel gefährlicher wird er sein, wenn Macht über Besiegte in den Händen von fremden Siegern liegt?

Können aber Wirksamkeit und Strenge der Justiz mit dem Respekt vor der Menschenwürde zusammengebracht werden? Wir stoßen hier auf das Dilemma, in dem alle Anhänger von Maurras [1]

1 Charles Maurras (1868–1952), französischer Schriftsteller und Ideologe, Wortführer eines extremen, radikalen Nationalismus und Antisemitismus, der die offizielle Doktrin des Vichy-Regimes formulierte. Nach dem Kriege zu lebenslänglicher Haft verurteilt. (Anm. J. R. 1985)

geglaubt haben, ihre Gegner einkreisen zu können, die Wahl zwischen Ordnung und Gerechtigkeit. Um aus dieser Falle herauszukommen, genügt es, daß wir die zu respektierenden Rechte negativ definieren: Wir wissen – weil wir es unter der deutschen Besetzung und der Willkür von Vichy erfahren haben –, was wir niemals mehr, weder bei uns noch bei anderen, wieder sehen wollen. Es ist die kurzfristige Wirksamkeit, die auf Terror aufbaut, eine kurzfristige und stets nur provisorische Wirksamkeit, wie es unser eigenes Beispiel (das der *résistance*, Anmerkung J. R. 1985) beweist: eine Polizei, die unter keinem Gesetz steht, keine Sicherheiten für Gefangene, gewollt überfüllte Gefängnisse, um die moralische und physische Widerstandskraft zu brechen, Folterungen an Leib und Seele, Geiselnahme, erzwungene, fristlose Ausweisungen, Härte und Unerbittlichkeit in der Ausführung selbst von notwendigen Maßnahmen und von solchen, die ein wenig Nachdenken und ein wenig Menschlichkeit unnötig machen würden – die Liste der Leiden, die die Gewalt zufügen kann, ist unbegrenzt. Die Umerziehung Deutschlands durch Frankreich muß an erster Stelle darin bestehen, daß ihm eine Regierung gegeben wird, die auf solche Regierungsmittel verzichtet. Fürchten wir nicht, daß es einer solchen Verwaltung an Strenge abgehen würde. Sie könnte ebenso wie andere, falls es notwendig sein würde, eine jener Bevölkerungsverschiebungen organisieren, die als das höchste Mittel der Staatskunst unserer Zeit erscheinen, aber sie würde es tun, indem sie in ihre Vorausschau alle die Gelegenheiten einbezieht, die eine solche Maßnahme für Macht- und Befugnisüberschreitungen der Agenten der ausführenden Gewalt bietet. Es genügt nicht, daß das materielle Leben eines Landes aufrechterhalten wird, gerade noch in dem Maße, ehe das Erlöschen jeder wirtschaftlichen Betätigung das gute Funktionieren der Verwaltung stören würde; es ist nötig, daß der Verwalter, eben weil er Franzose ist, sich »seinen« Deutschen gegenüber in die Pflicht genommen fühlt.

Der große Schweizer Theologe Karl Barth hat vor kurzem eine

Broschüre »Zur Genesung des deutschen Wesens«[1] veröffentlicht. In dieser lesen wir:

»Es wird nun, da immer größere Gebiete Deutschlands unter britische, amerikanische, französische Kontrolle geraten, alles darauf ankommen, daß die Sieger – bei denen ich angesichts des russischen Rätsels hier zunächst an die westlichen Sieger denke – den Besiegten durch die Art, in der sie ihre Gewalt in Deutschland ausüben, durch das Verhalten ihres Militärs, ihrer Verwaltungsbeamten und Gerichtspersonen, durch ihre Maßnahmen zur Durchführung der öffentlichen Ordnung und zur allmählichen Wiederherstellung des Verkehrs, der Wirtschaft, der Schulen und Kirchen, der sozialen und kulturellen Organisationen einen praktischen *Anschauungsunterricht* bieten hinsichtlich dessen, was man außerhalb Deutschlands und besonders im Westen unter Demokratie, Freiheit, Loyalität, Menschlichkeit, Weisheit, fair play, savoir vivre und unter männlicher Gerechtigkeit und Festigkeit versteht. Man kann sich darüber nicht klar genug sein, daß die übergroße Mehrzahl der deutschen Menschen das alles noch nie aus der Nähe gesehen, sondern, solange sie denken können, immer nur in unbeholfenen deutschen Nachahmungen oder in den feindseligen Verzerrungen der deutschen Propaganda kennengelernt haben. Der Augenblick ist da, wo sie das alles – auf dem eindrucksvollen Hintergrund des militärischen Sieges seiner Vertreter – zu sehen, am eigenen Leibe zu spüren bekommen müssen. Alle Vernichtung des Nazisystems und des preußischen Militarismus und alle noch so wohlgemeinte theoretische Gegenpropaganda könnte den Deutschen nicht helfen und könnte die deutsche Gefahr nicht beseitigen, wenn das alliierte Regime als solches, die alliierte Regierungs- und Verwaltungskunst, wenn die fremde Humanität es jetzt den Deutschen nicht

1 Karl Barth, Zur Genesung des deutschen Wesens. Ein Freundeswort von draußen, Stuttgart 1945, S. 59f.

unübersehbar vor Augen führen würde: es gab und gibt außerhalb Deutschlands etwas Besseres als die Politik, die Methoden, den Lebensstil, die Denk- und Redeweise, die sie bis jetzt für die einzig möglichen und heilsamen gehalten haben. Den Alliierten muß jetzt in Deutschland genau das gelingen, was den Deutschen in den von ihnen besetzten fremden Gebieten nie und nirgends gelungen ist, es muß ihnen gelingen, die Deutschen, nachdem sie ihrer Herr geworden sind, durch die überlegene Art, in der sie von ihrer Herrschaft Gebrauch machen, von der Güte ihrer Sache zu überzeugen, ihnen Freude und Lust dazu zu machen, sie positiv dafür zu gewinnen und dazu anzuregen, sich ihrerseits auf neue Wege zu begeben. Zeigt ihnen, wie ›Gentlemen‹ sich benehmen, wenn sie an der Macht sind!«

Mit seiner profunden Kenntnis des deutschen Geistes stellt Barth hier fest, daß die Umerziehung wie jede Erziehung nur möglich ist, wenn es zwischen uns und dem Faschismus nicht nur einen Kampf zweier Machtwillen gegeben hat, in dem wir uns des alten humanistischen Vokabulars bedient haben, so, wie die Nazipropaganda sich der Ideologie des neuen Europas bemächtigt, oder so, wie das Vichy-Regime den Sozialismus usurpiert hatte. Rückblickend und auch für die Zukunft würden wir so den Methoden des Terrors und der Unterdrückung recht geben.

*

Wir müssen noch einmal kehrtmachen und auf die zweite Frage zurückkommen, die wir uns zu Beginn unserer Überlegungen zu der Umerziehung gemacht haben. Unsere Deutschen sind keine kleinen Kinder ohne Vergangenheit. Sie sind Menschen, in denen die Vergangenheit ihrer Nation kraftvoll am Werk ist, ihr Nationalgeist, und dies nicht nur mit dem Bild, das ihre jüngsten Machthaber uns von diesem Geist hinterlassen haben. Ebensowenig wie die Summe aller Einflüsse aus der Umwelt und das, was wir vom Menschen im allgemeinen wissen, uns die Gesamtheit des lebendigen Werdens einer Individualität, eines ganz bestimmten Menschen liefert, sein Schicksal, seine Persönlichkeit, das einzige oder Einmalige in ihm, ebensowenig erklärt die Summe aller gesellschaftlichen, wirtschaftlichen und intellektuellen Analysen die Permanenz einer Nation. Wenn wir heute, zum ersten Mal in der Geschichte, bewußt die Umerziehung einer Nation unternehmen, wie sollten wir uns da nicht befragen über das, was durch die Jahrhunderte die Kontuinität des deutschen Nationalgeistes bewahrt, durch die Zeiten und durch alle Individuen hindurch? Diese Frage scheint mir noch wichtiger als diejenige, die sich auf den spezifischen Inhalt des deutschen Nationalgeistes bezieht, mit dem wir es heute zu tun haben. Wenn wir daran denken, die deutschen Menschen umzuerziehen und gleichzeitig in ihnen die Würde aller Menschen zu respektieren, müssen wir nicht auch, über die heutigen individuellen Personen hinweg, eine deutsche Nationalperson respektieren und ehren, die durch die Geschichte Weggefährtin Frankreichs gewesen ist? Ist denn der Geist einer Nation von vornherein in bezug auf gut und schlecht unter ein positives oder ein negatives Vorzeichen gestellt? Ist es nicht eine Wirklichkeit, die die Umerzieher in ihren aufeinanderfolgenden oder parallelen Gegebenheiten zu erkennen sich bemühen müssen? Wir glauben zutiefst, daß alle Nationen einzigartige geistige Wirklichkeiten und daß sie als solche unter die Doktrin der Menschenrechte gestellt sind. Wir glauben, daß ihre Wirklichkeit wie die der Einzelmenschen nicht mit einer rein intellektuellen Kenntnisnahme erfaßt werden kann, sondern daß wir ihnen, den Nationen, eine liebende und sympathische Bemühung schulden. Ebenso wie die Erziehung eines Kindes nicht technische Umwandlung eines passiven Rohstoffs ist, sondern das Erblühen der erwachenden Person unter der Wartung durch eine leidenschaftliche Aufmerksamkeit, ebenso können wir nicht darangehen, Deutschland umzuerziehen, ohne eine leidenschaftliche und respektvolle Aufmerksamkeit auf den deutschen Geist zu richten. Eine solche Aufmerksamkeit fordert gewiß, daß der Erzieher sich die Kenntnisse erwirbt, die ihm

Geschichte, Geographie, Wirtschaft, Gesellschaftskunde liefern, aber die Aufgabe kann sich nicht auf diese beschränken. Der Erzieher muß diejenigen, die er erzieht, auch lieben. Er muß den deutschen Geist lieben.

Und dies nicht, weil Deutschland *auch* das Vaterland von Bach und Goethe ist. Wofür haben die Umerzieher gekämpft, wenn nicht für eine Idee vom Menschen, die sie retten und sichern wollten? Von dieser Idee des Menschen ist die geschlagene Nation ein Abbild wie alle anderen Nationen, selbst wenn sie nie einen Bach oder einen Goethe geboren hätte.

Wenn wir Erzieher aus Berufung sind, haben wir aus Liebe zu allen wirklichen und lebenden Menschen gekämpft, verstanden in ihren natürlichen Gesellschaften und jeder als Sohn einer Nation. Nicht nur aus Liebe zu den Menschen, die auf unserer Seite standen, sondern auch, um die zu retten, die wir töten mußten. Derartige Behauptungen sind nur dann banal, wenn wir sie nicht wirklich leben. Über diejenigen hinaus, die wir uns zu töten anschickten und selbst in ihnen, mußten wir *den* Menschen und *die* Menschen ehren, ihre Nationen und alle Nationen. Deshalb sind die Franzosen, die Deutschland umerziehen sollen, verpflichtet, im Namen der Prinzipien, an die Frankreich glaubt, und durch diese Prinzipien selbst, den deutschen Geist zu ehren, zu respektieren und zu lieben, der ihnen anvertraut ist.

Wir kommen nun zu unserer letzten Frage. Welche Methoden soll diese Umerziehung verfolgen, die in die Beziehungen zwischen den Nationen völlig neue Zielsetzungen einführt und überall die traditionellen Ebenen der Politik, der Wirtschaft, des Militärischen hinter sich läßt? Das Ziel des Unternehmens, wie wir gesehen haben, umschreibt bereits die Methoden: Der Respekt vor der lebendigen Person ist gleichzeitig Doktrin und Handlung. Einen Sonderaspekt der Methodenfrage, den wir noch nicht genügend behandelt haben, sollten wir aber hier noch präzisieren. Eine Umerziehung kann nur allgemeinen Planungen folgen. Für den Plan aber ist der Mensch »Sache«, reines Objekt, der Plan wird immer versucht sein, die »Regierung der Menschen« durch die »Verwaltung der Sachen« zu ersetzen. Der Mensch als Objekt der Verwaltung ist ein Objekt für Experimente gleich den anderen Sachen der Natur. In diesem Sinne ist die Umerziehung ein Teil der Wirtschaftsplanung, sie ist eine Idee von Wirtschaftswissenschaftlern. Die großen Siegernationen in Ost und West sind mit einer Denkart vertraut, für die die umzuerziehenden Deutschen eine bisher schlecht geformte produktive Materie darstellen, die verarbeitet, umgewandelt werden muß. Wir aber können nicht ohne Furcht Methoden zustimmen, mit denen die Menschheit sich selbst zum Objekt reduziert und sich in ihrem eigenen Namen der absoluten Macht von »Ökonomisten« unterwirft. Alle Probleme unserer Zeit treffen in einer zentralen Verpflichtung zusammen – es gilt durch die »Objektivierung« der Methoden, des Denkens und des politischen Handelns hindurch die Achtung vor dem menschlichen Subjekt der Geschichte aufrechtzuerhalten, als das letzte Ziel, als den letzten Zweck, die als solche den Methoden, dem Denken und dem Handeln stets bewußt bleiben müssen. Jeder Plan kann sowohl Instrument einer Versklavung wie Instrument einer Befreiung sein, je nach dem Willen derer, die ihn aufstellen und verwirklichen. Jenseits aller Pläne kann der Respekt vor dem Menschen sich nur dank der individuellen Entschlossenheit der Menschen, der meinen und der deinen, durchsetzen.

Als die Erste Republik ihre Armeen ausschickte, um die Völker Europas zu befreien, glaubte die *Grande Nation* sich dazu berufen, die Nationen Freiheit zu lehren. Ist der Glaube an die großen Prinzipien im Herzen der Franzosen so schwach geworden, daß sie in der Umerziehung Deutschlands nicht eine der vornehmsten Aufgaben ihres eigenen Wiederaufbaus sehen? Wenn der Wahlspruch der Republik[1] nicht mehr die universale Beru-

1 *Liberté, égalité, fraternité!* (Anm. J. R. 1985)

fung Frankreichs ausdrückt, in wessen Namen hat die *résistance* Widerstand geleistet? Die fürchterliche Wunde, die Deutschland, im Herzen Europas, nunmehr aufweist, wird über das Werk der (anderen) Nationen richten. Das Deutschland von morgen wird das Maß unserer Verdienste sein.

*

*So geschrieben im Sommer 1945.*

*Im Herbst 1946 begann ich meine Tätigkeit im Dienste des Wiederaufbaus der Volkshochschulen und der gesamten Erwachsenenbildung in der französischen Zone sowie der deutsch-französischen Jugendtreffen.*

*Vom 1. Januar 1948 bis Anfang 1951 leitete ich das Amt Volksbildung (culture populaire) in der französischen Verwaltung in Deutschland.*

*1963 wurde ich zum Gründungsmitglied des Kuratoriums des Deutsch-Französischen Jugendwerks berufen.*

# IV.
# In einer anderen Welt

Sowohl Deutschland wie Frankreich hatten den Zweiten Weltkrieg verloren. Für jeden Deutschen lagen die Beweise dafür am 8. Mai 1945 unabweislich auf der Hand, vor der Tür. Man konnte – war man ein unverbesserlicher Hitleranhänger – über die Gründe räsonieren, die Tatsache selbst war undiskutabel. In der modernen Welt hatte noch keine Großmacht dergestalt und so total einen Krieg verloren.

So einfach war die Lage in Frankreich nicht. Das Trauma von 1940 war unüberwindlich, aber es war verdrängbar. Man konnte so tun, als ob – dank der *résistance* und de Gaulles – der Krieg zu guter Letzt doch gewonnen worden war. In der Tat: Frankreich war wieder ein unabhängiger Staat mit einer der Zahl nach großen Armee, es war Gründungsmitglied der Vereinten Nationen mit permanentem Sitz im Sicherheitsrat, genauso wie die Vereinigten Staaten, die Sowjetunion – und China. Es hatte eine Besatzungszone in Deutschland und saß als gleichberechtigtes Mitglied im Kontrollrat, dem obersten Organ der vier Staaten, an die die deutsche Souveränität übergegangen war. Wie die anderen schickte es sich an, in Nürnberg die überlebenden Hauptverantwortlichen des nationalsozialistischen Reiches zu richten.

Und trotzdem! Wenn man näher hinsah, trugen die französischen Soldaten amerikanische Uniformstücke und führten amerikanische Waffen. Amerikanische und englische Heere hatten Frankreich befreit – mit Hilfe der *résistance*, gewiß, aber allein wäre der französische Widerstand dazu so wenig fähig gewesen wie der anderer kleinerer westeuropäischer Staaten. Der innere Bürgerkrieg mit der darauffolgenden *épuration*, der Säuberung, hinterließ tiefe geistige und politische Wunden, die noch nach Jahrzehnten nicht ganz geschlossen sind. Die Haltung der führenden Schichten, die Schuld an der Niederlage trugen, wie das erleichterte Aufatmen so vieler, als der Krieg so schnell verloren, aber damit doch beendet war; ebenso die immense Vertrauenswelle, mit der sich die Nation mit geringen Ausnahmen der Vaterfigur Pétains überließ und dessen Machtübernahme legitimierte; die großen materiellen Zerstörungen, die der Krieg hinterließ; die wirtschaftliche Notlage, die nur mit amerikanischer Hilfe zu beenden war; der Prestigeverlust bei den Völkern des Kolonialreiches, denen die beschämend schnelle Niederlage und der Streit im Hause Frankreich nicht entgangen waren – die Liste könnte lange fortgesetzt werden –: Im Inneren der Menschen, im Unterbewußtsein widerstanden diese Erlebnisse auch den psychopolitischen Heilungsversuchen des Großschamanen de Gaulle.

Noch wichtiger als die inneren Zustände Frankreichs waren die Veränderungen draußen. Alle europäischen Großmächte, die seit dem 18. Jahrhundert die gesamte Welt beherrscht hatten, waren nun von den Vereinigten Staaten und der von Europa nach Ostasien hinausreichenden Sowjetunion weit überholt und auf einen zweiten oder dritten Rang verwiesen. Chinas permanenter Platz im Sicherheitsrat war bereits ein Vorgriff auf die Weltlage, in der wir uns ein halbes Jahrhundert nach dem Beginn des Zweiten Weltkrieges befinden: In den Vereinten Nationen haben die Drittländer von zumeist nichteuropäischer Herkunft ein zahlenmäßiges Übergewicht, aus dem sie bereits bedeutende moralisch-politische Vorteile zu ziehen verstehen. Auch die wirtschaftliche Vormachtstellung Europas ist dahin, und vor allem dies ist heute bereits auf das dramatischste spürbar. Für das Ende des 20. Jahrhunderts zeichnen sich neue Großmachtpositionen ab, die 1945 nur ein prophetischer Weitblick vorherzusagen vermochte: in Ostasien, in Nordafrika, in Südamerika.

Frankreich, am 8. Mai 1945 und in der sich nun öffnenden Periode, ist hin- und hergerissen in dem Dreiecksfeld von Wunsch und Hoffnung auf Restaurierung seiner alten Großmachtstellung, von Erkenntnis der immensen, aus eigener Kraft schwer zu bewältigenden Schwierigkeiten, und von der mehr oder minder klaren Bewußtheit, daß das Rad der Geschichte sich unmöglich zurückdrehen läßt. Die Parteigänger der Wiederherstellung und Erneuerung – die das Wesentliche unter Aufgabe des Zweitrangigen in eine veränderte Umwelt retten wollen – finden sich quer durch alle politischen Parteien und Lager. Die politischen Kräfte der zusammengebrochenen Dritten Republik wagen sich nur langsam wieder nach vorne, ins Rampenlicht. Zunächst beherrschen einerseits de Gaulle und seine Paladine die Szene, gekleidet in die Legitimität des 18. Juni, jenes Tages im Jahre 1940, an dem, vor Abschluß des Waffenstillstands, der Brigadegeneral auf Kriegsdauer de Gaulle in London seinen Aufruf zum Widerstand an das französische Volk richtete; und andererseits stehen die Kommunisten im Vordergrund, die sich vielerorts in der *résistance* eine führende, tonangebende Rolle verschafft hatten. Um deren weiteres Fortschreiten abzustoppen, begünstigt de Gaulle die neue, aus der *résistance* erwachsene christlich-demokratische Partei der M. R. P. (Republikanische Volksbewegung) und die wiederentstehende, sich vom Marxismus als Ideologie und Programm absetzende Sozialistische Partei. Sehr bald aber machen die beiden nichtkommunistischen Parteien zusammen mit der K. P. F. Front gegen den exklusiven Führungsanspruch des Generals, der ihnen bereits im Januar 1946 das Feld räumt – in der irrigen Meinung, man würde ihn schnell zurückrufen: Der Ruf kam erst nach zwölf Jahren. Gegen die heftige Kritik der Freunde de Gaulles, deren Zahl rasch zunimmt, agieren die drei Parteien bei zunehmender Polarisierung zwischen Kommunismus und Antikommunismus nur bis zum Juni 1947 gemeinsam; der Tripartismus zerbricht in der veränderten Atmosphäre des sich anbahnenden kalten Krieges: Die streng linientreuen Parteigänger der Sowjetunion konnten sich in einer Regierung nicht halten, die sich mit wachsender Geschwindigkeit in die »Allianz der freien Welt« und unter die amerikanische Führung einreihte. Diese Entwicklung vollzog sich keineswegs gradlinig, sie war von Aufenthalten und Rückzügen unterbrochen, und viele Sozialisten und christliche Widerstandsleute konnten sich nur langsam und unvollkommen vom Gefühl der Solidarität mit den kommunistischen Kameraden lösen, sie konnten sich nur schwer von dem Eindruck befreien, die marxistische Analyse gebe die innergesellschaftlichen und weltpolitischen Realitäten korrekt und treffend wieder und die Kommunisten besäßen sozusagen den Schlüssel zur Zukunft. Der Prozeß, während dessen zumal ein bedeutender Teil der »kulturschaffenden« französischen Intelligenzia die marxistisch-kommunistischen Leitbilder abwarf, nahm Jahrzehnte in Anspruch.

Die französische Politik gegenüber Deutschland und in Deutschland während der ersten Nachkriegsjahre spiegelt die verschiedenen Elemente wider, von denen soeben die Rede war. Zunächst überwiegen fast einmütig Furcht und Mißtrauen, begleitet auf der einen Seite von Haß oder zumindest Abneigung, auf dem anderen Flügel von einem nur zögernd formulierten Wunsch, Frankreich werde sich mit einem anderen, an die besten Aspekte der deutschen Wirklichkeit von vor 1933 anknüpfenden Deutschland einmal wieder zusammenfinden. Deutschland ist das wichtigste Terrain, auf dem Frankreichs Bemühen um die Wiederanerkennung seiner Gleichberechtigung durch die großen Siegermächte durchgefochten wird. Erst in Jalta ist Frankreich in Abwesenheit das Recht auf eine eigene Besatzungszone in Deutschland und damit auf einen Sitz in den Instanzen zugesprochen worden, die nach der bedingungslosen Kapitulation im Namen der Alliierten die Regierungsmacht in Deutschland ausüben sollten. Weitere wichtige Entscheidungen über die Zukunft Deutschlands wurden in Potsdam (Juli/August 1945), ebenfalls ohne Frankreich, getroffen, das zu der Gipfelkonferenz der Sieger nicht eingeladen worden war. Frankreichs politische Ziele waren in diesem Zusammenhang einfach und klar: Gleichsetzung mit den »großen Drei« oder Vier, wenn China hinzugerechnet würde; Wiederherstellung seiner außereuropäischen Machtpositionen – im Nahen und im Fernen Osten, in Syrien wie in Indochina –; Durchsetzung seiner Kriegsziele in Deutschland. Nach

Potsdam wird Frankreich zu allen Gipfelkonferenzen eingeladen; im Sicherheitsrat der Vereinten Nationen nimmt es wie die Vereinigten Staaten, die Sowjetunion, Großbritannien und China einen permanenten Sitz ein. Nach außen hin ist damit die Gleichberechtigung durchgesetzt, wenn auch Frankreich und bald dazu Großbritannien vom Machtgewicht her nur noch »halbstarke« Mächte darstellen.

In bezug auf die außereuropäischen Positionen war das Ergebnis weniger eindeutig. In Syrien und im Libanon hatte Großbritannien die Franzosen mit ultimativem Druck zur militärischen Räumung gezwungen; nur indirekt und vor allem im Libanon hielt sich der französische Einfluß noch einige Jahrzehnte. Nach Indochina kehrten die französischen Verwalter und Truppen mit britischer Hilfe zurück, doch begann dort noch im Jahre 1945 der Entkolonialisierungskrieg, der neun Jahre dauern und die gesamte Position Frankreichs in der Welt schwer erschüttern sollte. Natürlich endete er mit dem Verlust der französischen Besitzungen. Die langwierigen, kostspieligen, verlustreichen Kämpfe schwächten die Pariser Regierungen, verursachten schwere innere Auseinandersetzungen zwischen Gegnern und Parteigängern des Krieges, schadeten dem wirtschaftlichen Wiederaufstieg des Mutterlands und schufen eine wachsende finanzielle, militärische und politische Abhängigkeit gegenüber den Vereinigten Staaten. Das mehr und mehr materielle wie politische Kräfte verzehrende Engagement in Indochina war einer der wesentlichsten Faktoren, die Frankreich, auch in Deutschland, zum schrittweisen Aufgeben der eigenen Position und zum Einschwenken auf die amerikanische zwangen.

Die französischen Kriegsziele in Deutschland betrafen drei Hauptgebiete: die politische Struktur Deutschlands, seine Demokratisierung, die Schwächung seines wirtschaftlichen Potentials beziehungsweise dessen zumindest partielle Ausnützung zugunsten der französischen Wirtschaft. Im Gegensatz zu den Amerikanern erschien das Problem der Entnazifizierung der französischen Führung verhältnismäßig zweitrangig, schon weil ein großer Teil dieser Führung aus Überzeugung oder aus taktischen Gründen (das war bei den Kommunisten der Fall) die Deutschen in ihrer Gesamtheit als schuldig und als kaum verbesserlich ansahen.

Im Hinblick auf die politische Struktur war es das Ziel der französischen Führung unter de Gaulle wie auch nach ihm, den von Hitler vollendeten großdeutschen Staat zu zerschlagen. Nur solange Deutschland aus vielen Staaten mit verschiedenen Interessen bestanden hatte, war es für Frankreich ein ungefährlicher Nachbar gewesen. Zur Durchsetzung des Ziels konnte Paris den Ausschluß Frankreichs von der Potsdamer Konferenz benutzen. Die Pariser Regierung erklärte, sie sehe sich durch Beschlüsse, die ohne sie getroffen worden waren, nicht gebunden; damit wollte sie vor allem die in Potsdam beschlossene Schaffung deutscher Zentralverwaltungen verhindern, deren Kompetenz sich unter der Autorität des Kontrollrats auf alle Zonen erstreckt hätte. Man kann in der Tat für nicht unwahrscheinlich halten, daß die Existenz solcher gemeinsamer Zentralverwaltungen die Auflösung des Reichsgebiets in separate Zonen und danach die Errichtung von zwei getrennten deutschen Staaten wesentlich erschwert und daß sich aus den Zentralverwaltungen allmählich eine gesamtdeutsche Regierung entwickelt hätte. Indem die französische Führung im Kontrollrat diese Entwicklung von Anfang an verhinderte, übernahm sie eine bedeutende Mitverantwortung an der Teilung Deutschlands. Gleichzeitig hat sie entscheidend dazu beigetragen, daß die Sowjetunion daran gehindert wurde, ihren militärischen, politischen und ideologischen Einfluß auf die drei westlichen Besatzungszonen so auszudehnen, wie es ihr in einem zentral verwalteten Deutschland möglich gewesen wäre.

Über seine Zone übte Frankreich eine zunächst absolute Gewalt aus. Da es in Potsdam nicht wie die Vereinigten Staaten und Großbritannien der Ausweisung der verbliebenen deutschen Einwohner aus den der polnischen Verwaltung unterstellten deutschen Ostgebieten zugestimmt hatte, verschloß es seine Zone dem Zustrom der Vertriebenen. Die Zulassung deutscher politischer Parteien, die politische Betätigung deutscher Bürger, die Abhaltung von Wahlen auf Gemeinde-, Kreis- und Länderebene geschahen in der Regel später als in den anderen Zonen; besonders im Vergleich zu den beiden anderen Westmächten hielt Frankreich länger seine direkte Verwaltung und später eine sehr eingreifende und detaillierte Kontrolle aufrecht. Der Aufnahme von Verbindungen zwischen Politikern der französischen und anderer Zonen setzte es einen hartnäckigen Widerstand entgegen. Die französische Besatzung und der engmaschige Verwaltungsapparat lebten auf Kosten des Landes, und darüber hinaus bemühten sich die französischen Behörden, die wirtschaftlichen Kräfte der französischen Besatzungszone für den Wiederaufbau Frankreichs auszuschlachten; die ohne Zustimmung der Verbündeten erfolgte Abtrennung des Saarlandes von der übrigen Zone und seine Einbeziehung in das französische Wirtschaftsgebiet dienten in erster Linie demselben wirtschaftspolitischen Zweck.

Der französischen Bemühung zur Aufteilung Deutschlands in mehrere getrennte Länder entsprachen sowohl die Politik an der Saar wie die fortlaufenden Versuche, die wirtschaftliche Aussonderung der Ruhr und die Errichtung einer eigenen staatlichen Einheit auf dem linken Rheinufer durchzusetzen. Die Schaffung der Länder Rheinland-Pfalz und Nordrhein-Westfalen entsprach, besonders was letzteres betrifft, nur beschränkt den französischen Forderungen, zumal da Großbritannien eine engere Verbindung zwischen den Ländern seiner Zone relativ bald zuließ. Auch die Politik der Angelsachsen an der Ruhr, wo Frankreichs Anteil an der Kohleförderung eingeschränkt blieb und unter amerikanischem Druck die Einschränkung der schwerindustriellen Produktion weit hinter den französischen Wünschen zurückblieb, entsprach keineswegs den Pariser Vorstellungen. Andererseits erwies sich das von de Gaulle Ende 1944 mit der Sowjetunion abgeschlossene Bündnis als Enttäuschung. In weiten Teilen der französischen Öffentlichkeit und der politischen Klasse wuchs die Furcht vor dem sowjetischen Expansionismus und damit das Bedürfnis nach amerikanischer Rückendeckung. Für die französische Wirtschaft erwies sich die amerikanische Unterstützung als unabdingbar. Als die Sowjets sich auf der Moskauer Gipfelkonferenz im Frühjahr 1947 weigerten, dem französischen Deutschlandprogramm zuzustimmen, beschloß die Pariser Regierung – im Austausch gegen die Zustimmung der Angelsachsen zu der französischen Politik an der Saar –, ihre Positionen bezüglich Deutschland denen der Amerikaner und der Briten anzunähern.

Mit der Zusammenlegung der französischen Zone und der amerikanisch-britischen Bizone, mit der Währungsreform und der Einberufung des parlamentarischen Rats vollzog sich die Angleichung schrittweise, nicht ohne zahlreiche Rückzugsgefechte und Halbherzigkeiten. Die Beteiligung der deutschen Westzonen am Marshallplan stieß zunächst auf heftigen französischen Widerstand. Vor allem aber bemühte sich Frankreich nachdrücklich und nicht erfolglos um die Aufrechterhaltung des föderalistischen Prinzips in den Strukturen, die der parlamentarische Rat dem vorläufigen Teilstaat Westdeutschland geben wollte. Der Kompromiß von 1949, der sich als so eminent lebensfähig erwiesen hat, entspringt den zunächst ebenso heftig entgegengesetzten Vorstellungen bei den Alliierten wie konträren Absichten bei den deutschen Parteien oder Parteiflügeln. Auch im gleichzeitig verkündeten Besatzungsstatut, das die Souveränität des neuen Staates einschränkte, wie im Ruhrstatut, das den Wiederaufstieg der deutschen Wirtschaft zügeln sollte, blieben das fortdauernde französische Mißtrauen und, in abgeschwächter Form, die Ziele der französischen Deutschlandpolitik von 1945 weiter spürbar.

In der französischen Zone und im französischen Sektor von Berlin waren während der viereinhalbjährigen Zeitspanne der Besatzungspolitik äußerst verschiedene und zum Teil entgegengesetzte Kräfte am Werk. Im Offizierskorps wie in den improvisierten Zonenverwaltungen befanden sich Männer aus der *France combattante* de Gaulles neben solchen, die aus dem inneren Widerstand kamen, und neben ehemaligen Deportierten aus den deutschen Konzentrationslagern. Offiziere, die als Kriegsgefangene Pétainisten geblieben waren, trafen auf Beamte, die der Vichy-Regierung gedient hatten und nun auf der deutschen Seite des Rheins abwarteten, daß sich in Frankreich die Wellen der *épuration*, der Säuberung, beruhigten. Elsässer aus de Gaulles afrikanischer Armee und Elsässer, die sich während der deutschen Herrschaft ruhig verhalten hatten, waren wegen ihrer Sprachkenntnisse gleicherweise gefragt, aber einander nicht immer freundlich gesinnt. Auch die Kommunisten, die in Paris mit an der Regierung saßen, hatten Anspruch auf Stellen und Stellungen in der Zone, wo sie von militanten Antikommunisten pétainistischer oder gaullistischer Herkunft gleicherweise scheel angesehen wurden. General Koenig, der Oberbefehlshaber, ein durch und durch unpolitischer Haudegen aus der nächsten Gefolgschaft de Gaulles, handelte im Auftrag einer Dreiparteienregierung, bei der jede Entscheidung von Bedeutung das Ergebnis schwieriger Koalitionskompromisse war. So besaßen die verschiedenen Generaldirektionen, Direktionen, Unterdirektionen und Büros, die Länder-, Bezirks- und Kreisgouverneure mit ihren Direktionen und Büros einen weitgehenden Grad politischer und administrativer Autonomie; wer ein festes Ziel hatte, diplomatisches Geschick und politische Querverbindungen besaß, konnte in großem Umfang tun, was er für richtig hielt oder was ihm Spaß machte. So war die französische Zone ein Feld der Kontraste: Als Entnazifizierer figurierten mitunter Leute, die in Frankreich als Kollaborateure galten, in Freiburg wurde die kommunistische Jugendorganisation FDJ protegiert, in Tübingen deren sozialdemokratische Lieblingsfeinde, in Baden-Baden gab der den Freiburger und Tübinger Jugendoffizieren vorgesetzte Amtschef den katholischen Organisationen seine materielle und politische Unterstützung. Dessen oberster Chef wiederum, der Direktor des gesamten Erziehungswesens, wollte, vor allem mit Zentralabitur und obligatem Französischunterricht, die kulturelle Öffnung Süddeutschlands nach Frankreich hin fördern, und als gebildeter Elsässer und promovierter Germanist erweckte er die zu Zeiten der Französischen Revolution geschlossene Universität Mainz zu neuem Leben. Sehr früh, vom Sommer 1946 an, gab es zahlreiche organisierte Jugendtreffen und Studentenbegegnungen, bei denen junge Deutsche in völliger Gleichheit auf junge Franzosen trafen. An einer Stelle machte man traditionelle Kulturpropaganda mit Oper und *Comédie Française*, an einer anderen schuf man deutsche Filmklubs und lud zu deren Führungsseminaren Regisseure, Schauspieler und Kritiker nicht nur aus Frankreich, sondern auch aus Holland, England und Amerika ein. Die Besatzungszeit hat daher höchst entgegengesetzte Erinnerungen hinterlassen: Hier weiß man von geistigen Anregungen und Freundschaften, die für Jahrzehnte von Dauer sein sollten, dort von Hochmut, Willkürakten, Erpressungen und Diebstählen der Franzosen zu erzählen. In ihrer Mehrzahl wurden die zumeist jungen Beamten auf Zeit der Militärregierung zu Propagandisten der Verständigung und der Versöhnung mit einem Deutschland, das zu sich selbst zurückfand. Franzosen und Deutsche durchlebten Schulter an Schulter die Erfahrungen, die zu den immer unvermeidlicheren Stellungnahmen des kalten Kriegs führten. Nach meinem persönlichen Eindruck ist die Zahl der damals begründeten Freund- und Kameradschaften, auf denen die folgenden Generationen aufbauen konnten, sehr groß – sehr viel größer als auf dem Felde der deutsch-britischen Beziehungen. Dies gilt auch für Politiker: Vor allem zwischen den Führern der deutschen CDU und dem französischen M. R. P. kam es zu starken Gemeinsamkeiten, die so lange von großer Bedeutung waren, wie die M. R. P. in Frankreich einflußreich blieb, also ungefähr bis zum Ende der fünfziger Jahre.

Der großen Mehrheit der Deutschen jedoch erschienen Frankreich und die Franzosen nach 1945 als besonders harte und feindlich gesinnte Sieger, die im Grunde gar keine Sieger waren. Die hochmütige Bemerkung »Was, auch ein Franzose?« des Feldmarschalls Keitel in Reims bei der Unterzeichnung der Kapitulation, als er des französischen Vertreters ansichtig wurde, entsprach den Gefühlen zahlreicher Deutscher, für die Frankreich sich die Siegerrolle unverdient erschlichen hatte. War Frankreich nicht in drei Wochen vor der Wehrmacht zusammengebrochen, während Deutschland fünfeinhalb Jahre lang sich gegen die größten Mächte der Welt behauptet hatte? Frankreich wurde oft mit dem Frosch verglichen, der sich zum Ochsen aufzublasen versucht.

Demgegenüber gab es nicht nur die unzähligen Deutschen, die in Frankreich gestanden hatten, und die Franzosen, die in Deutschland gefangen gewesen waren. Denn zu diesen stießen nun die Hunderttausende von Deutschen, die ihrerseits zwischen 1946 und 1947 in Frankreich als Kriegsgefangene gelebt hatten und die nicht ausschließlich schlechte Erinnerungen mit nach Hause brachten. Die Franzosen waren ärmer als die Amerikaner und weniger unnahbar als die Briten. Das Elsaß spielte seine Verbindungsrolle. Männer aus den teilweise deutschsprachigen Gebieten Frankreichs, so Robert Schuman aus Lothringen und Pierre Pflimlin aus Straßburg, nahmen in der Vierten Republik bedeutende Stellungen ein. Die Abteilungen der Militärregierung für Erziehung, Information und Kultur stellten sich eine systematische Annäherungsarbeit zur Aufgabe, fortgeführt und vertieft von dynamischen Privatinitiativen. Waren einerseits die Zeitungen oft voll von Polemiken gegen die französische Deutschlandpolitik oder gegen die recht burschikosen Methoden der Werber, die junge Deutsche für die französische Fremdenlegion zu gewinnen suchten (eine Kampagne des jungen »Spiegel« in dieser Angelegenheit brachte den französischen Hochkommissar François-Poncet so auf, daß er das Nachrichtenmagazin durch seinen englischen Kollegen wegen Angriffs auf eine Besatzungsmacht beschlagnahmen ließ – was Frankreich die unversöhnliche Abneigung Rudolf Augsteins einbrachte), so stand andererseits das deutsche Publikum vor den Aufführungen des jungen französischen Theaters Schlange; Jean-Paul Sartres Rede in der Frankfurter Paulskirche 1949 wurde zu einem der größten kulturellen Ereignisse dieses Jahres. Romane, philosophische und theologische Schriften aus Frankreich, Filme und Filmkritik als neue Spalten der Hochkultur, sie gaben dem geistigen Frankreich eine Nähe zur deutschen Wirklichkeit, die auch sehr bald – in den frühen fünfziger Jahren – zur Rezeption der neuen deutschen Literatur in Frankreich führte, zugleich mit der nun massiv einsetzenden Aufnahme von Hegel, Marx und Heidegger. Kleists »Prinz von Homburg«, in der Regie von Jean Vilar und mit unübertroffenem Glanz von Gérard Philipe gespielt, wurde im Jahre 1951, nur sechs Jahre nach Kriegsende, zum größten Triumph des Pariser *Théâtre National Populaire*. Die zahlreichen französischen Kulturinstitute, die Lektoren- und Assistentenstellen leiteten eine zunächst eingleisige Bewegung ein, die vielen jungen Franzosen die Gelegenheit zu längeren Aufenthalten in Deutschland gab. Aber von 1949 an entwickelte sich die Gegenbewegung, die mit wachsenden Mitteln dem Deutschen Akademischen Austauschdienst die Möglichkeit eröffnete, einer großen Zahl junger Deutscher längere Aufenthalte in Frankreich zu finanzieren. Sonderprogramme, wie das einjährige Studium junger deutscher Beamter an der Pariser *École Nationale d'Administra-*

*tion*, vertieften die sich anknüpfenden Verbindungen. Nach der kurzen Krise der Jahre 1949/50 gestattete das deutsche Wirtschaftswunder eine schnelle Aktivierung der Wirtschaftsbeziehungen. Kaum hatte sich die öffentliche Meinung Frankreichs – trotz des heftigen Widerstands der Gaullisten, die daran waren, die größte Partei des Landes zu werden, und obwohl die deutschen »Revanchisten« im Feuer des hektischen Propagandabeschusses der Kommunisten lagen – an die schrittweise Emanzipation des niedergeworfenen Gegners von gestern gewöhnt, schon zwangen die Zeitläufe, fünf Jahre nach Kriegsende, daß die Bundesrepublik Deutschland als Verbündeter akzeptiert werde.

### *Aufbruch nach Europa – und gleich ein Fehltritt*

Fünf Jahre nach dem Ende des Ersten Weltkrieges, 1923, verzeichnete man: Höhepunkt der Inflation, Ruhrbesetzung, Unversöhnlichkeit in Paris, nationalistische Erregung in Deutschland. Fünf Jahre nach dem Zweiten Weltkrieg: Schuman-Plan und Pleven-Plan, Frankreich und Deutschland gründen zusammen die erste europäische Gemeinschaft, Frankreich und Deutschland verhandeln über den Zusammenschluß der europäischen Verteidigungskräfte mit Einschluß der Bundesrepublik Deutschland.

Waren die Staatsmänner und die Bürger beider Länder 1950 so viel klüger, so viel weiser als 1923? Der gemeinsam empfundene Druck, der Zwang der Umstände ließen 1950 als nötig und möglich erscheinen, was 1923 undenkbar war, dies ist gewiß. In der veränderten Welt hatte die nach 1918 noch verschwommene, idealistische Europaidee realistische Züge gewonnen. In der Welt des kalten Krieges, im Europa des Eisernen Vorhangs, im gespaltenen Deutschland änderten sich Umstände und Ideen mit Windeseile. Trotzdem war die Rolle bedeutender und einsichtiger Männer entscheidend. Jean Monnet, der Cognacfabrikant, hatte schon im Krieg 1914–18 als junger Chef der alliierten Einkaufsorganisation in den Vereinigten Staaten in übernationalen Kategorien zu denken gelernt. Als stellvertretender Generalsekretär des Völkerbundes, als Bankier in Hongkong, wieder als Chefeinkäufer der Alliierten in Amerika, als Minister de Gaulles in Algier und jetzt als Chef des Planungs- und Modernisierungskommissariats war er ein überzeugter Anhänger des europäischen Zusammenschlusses geworden. Schuman, den er für seine Montanunion schnell gewann, war Lothringer, Adenauer ein Rheinländer aus jenen Provinzen, wo die Zugehörigkeit zum Frankreich der Revolution und des *Empire* tiefe Spuren hinterlassen hatte, De Gaspari ein Etschtiroler, der manches Jahr als Abgeordneter Trients im Wiener Reichsrat verbracht hatte. Die Montanunion war ein Produkt der rasanten Nachkriegsentwicklung. Frankreich hatte 1949 die Schaffung der internationalen Ruhrbehörde als Bedingung für seine Zustimmung zur Bildung der Bundesrepublik durchgesetzt. So wurden Kohle und Stahl an der Ruhr dem direkten Verfügungsrecht des neuen deutschen Staats entzogen. Dieser aber forderte Gleichberechtigung, und Frankreich konnte und wollte das so lang und heiß angestrebte Kontrollrecht über die Ruhr nicht schon ein paar Monate nach seiner Verwirklichung aufgeben. Da erfand Monnet die Montanunion: die Kontrolle aller über alle, die Aufhebung der nationalstaatlichen Kompetenz auf die höhere, europäische Ebene. Von Monnet aufgerüttelt, formulierte Schuman das Projekt am 9. Mai 1950. Adenauer griff die Idee sofort auf. Am 23. Juni 1952 trat der Vertrag in Kraft, und Monnet wurde der Vorsitzende der ersten übernationalen europäischen Behörde. Aus dem Zankapfel Kohle und Stahl war ein Einigungsfaktor geworden. Frankreichs Furcht und Mißtrauen gegenüber dem deutschen Industriepotential ging nun schnell zurück, und die erhaltene Gleichsetzung mit den anderen europäischen Staaten ließ in Deutschland, das heißt im freien Deutschland, den nationalistischen Protest fast gänzlich verstummen. Der nächste Schritt nach Europa allerdings sollte ein Fehlschlag werden, fast hätte ich geschrieben: ein Fehltritt.

In der Logik des nur zum Teil kalten Krieges – soeben hatten die Nordkoreaner den Angriff auf Südkorea begonnen – war ein westdeutscher Wehrbeitrag eine Selbstverständlichkeit. Die Last der Verteidigung der noch freien Welt lag fast ausschließlich auf den Schultern der Vereinigten Staaten. In Korea hatte Stalin seine Versuche, über die Demarkationslinien von 1945 hinauszustoßen, mit einem Direktangriff auf amerikanische Truppen fortgeführt, in einer Konstellation, die der in Deutschland äußerst ähnlich war. Hätten die Amerikaner – nach der indirekten, aber immensen Niederlage, die sie im Vorjahr in China erlitten hatten – in Korea klein beigegeben, wäre Korea die Generalprobe für Deutschland geworden. Amerikas Opfer an Menschen und Material waren ungeheuer – und währenddessen knauserten die europäischen Alliierten mit ihrer Unterstützung, suchten nach Auswegen und Kompromissen und ließen die kommunistische Propaganda ungehindert in das antiamerikanische Horn stoßen. Die Bundesrepublik Deutschland lag in unmittelbarer Frontnähe, sie erlebte die Politik und die Methoden der Sowjets täglich am eigenen Leib und an dem ihrer deutschen Mitbürger in der zur DDR proklamierten Sowjetisch Besetzten Zone (SBZ). In der Bundesrepublik war der kommunistische Einfluß gering und schnell rückläufig. Fünf Jahre nach Kriegsende besaß sie ein riesiges Potential an kriegserfahrenen Soldaten und Offizieren. Ihre Sicherheit nahm ein bedeutendes amerikanisches Engagement in Anspruch. Es ist verständlich, daß Washington auf der Mobilisierung dieses Potentials bestand, und es ist ebenfalls verständlich, daß Konrad Adenauer sich aus doppeltem Grund bereit fand, dieser Mobilisierung zuzustimmen: einerseits, weil er von der Existenz und Gefährlichkeit der sowjetischen Bedrohung in höchstem Maß überzeugt war, und anderseits, weil er in einer Beteiligung an der Verteidigung der freien Welt das Mittel sah, um mit seiner Bemühung um Wiederherstellung eines unabhängigen und gleichberechtigten deutschen Staates als Mitglied der Gemeinschaft der demokratischen Völker beschleunigt Erfolge zu erreichen. Es gelang ihm verhältnismäßig schnell, für diese Politik eine große Mehrheit der deutschen Öffentlichkeit zu gewinnen, während eine keineswegs bedeutungslose Minderheit den Wehrbeitrag ablehnte. Im Adenauer-Lager fanden sich sowohl Menschen zusammen, denen an erster Stelle die Verteidigung der Freiheit gegen einen neuen Totalitarismus am Herzen lag, wie solche, die in der erst fünf Jahre zuvor abgerissenen Tradition des Antibolschewismus reaktionärer und faschistischer Herkunft standen. Auf der anderen Seite konnte man neben der offiziellen Sozialdemokratie, die nicht das Prinzip des Wehrbeitrags ablehnte, sondern die Bedingungen, unter denen eine deutsche Wiederbewaffnung stattfinden sollte, militante Christen sehen, die für ihr Volk dazu nein sagten, daß das Schwert, das Gott ihm entrissen hatte, so schnell wiederaufgegriffen werden sollte, aber auch Träger von antiamerikanischen und antidemokratischen Ressentiments sowie Menschen, denen die Vorstellung eines eventuellen deutsch-deutschen Bruderkriegs ein Greuel war.

Aus französischer Sicht lagen die Dinge anders und noch komplizierter. Dazu trug an erster Stelle die Position der Gaullisten bei, für die es in Deutschland nichts Vergleichbares gab. Der General hatte schon 1945 die Möglichkeit einer Verbindung mit Deutschland in Betracht gezogen, soweit dieses für Frankreich keine Gefahr mehr darstellte, und er ging auch mit der Idee einer gemeinsamen Politik der Europäer gegenüber den neuen Großmächten um, aber für beide Entwicklungen war ihm der starke, unabhängige französische Nationalstaat die Voraussetzung. In seiner Partei, dem R. P. F. (*Rassemblement du Peuple Français*), gab es mächtige traditionalistisch-nationalistisch antideutsche Gefühle, aber auch Interesse, ja sogar Bewunderung für gewisse Eigenschaften des deutschen Volkes. Einen Beitrag Deutschlands zur Verteidigung Europas lehnte de Gaulle nicht schlechthin ab, jedoch hielt er das System der Vierten Republik für zu schwach, um die französischen Interessen in einem solchen Fall gegen ein deutsch-amerikanisches Zusammenspiel durchsetzen zu können. Darum lehnten die Gaullisten in der Nationalversammlung 1954 die integrierte Europäische Verteidigungsgemeinschaft (EVG) ab, um dann 1955 dem Direktbeitritt der Bundesrepublik zur NATO doch mehrheitlich zuzustimmen.

Eine zweite Eigenheit der französischen Lage entsprang der relativen Stärke der Kommunisten, die in jener Zeit über ein Viertel der Wählerschaft hinter sich wußten und darüber hinaus einen gewaltigen Einfluß auf die intellektuellen und kulturtragenden Schichten ausübten. Die K. P. F. stand linientreu und orthodox hinter Stalins Führung; sie billigte ohne die geringste Reserve die sowjetische Welt- und Deutschlandpolitik und bekämpfte mit gewaltigen Anstrengungen sowohl das atlantische Bündnis wie den französischen Indochinakrieg. Sie war, wie de Gaulle es pointiert formulierte, *un parti nationaliste étranger*, die Partei eines ausländischen, fremden Nationalismus.

Ein Wehrbeitrag der Bundesrepublik im Dienste des »amerikanischen Imperialismus« und gerichtet gegen die Heimstätte des »wahren demokratischen Sozialismus« mußte in ihren Augen ein Greuel sein. Im Jahre 1950 aber machten Gaullisten und Kommunisten in der öffentlichen Meinung Frankreichs zusammen eine klare Mehrheit aus; im Parlament, das 1947 gewählt worden war, hatten die Gaullisten, als Partei damals noch nicht aktiv, allerdings nur eine sehr kleine Repräsentation. Zu diesen beiden großen Meinungsgruppen stießen als Gegner der deutschen Wiederbewaffnung zum damaligen Zeitpunkt noch zahlreiche Männer und Frauen aus dem Widerstand, die den demokratischen, parlamentarisch gesinnten Parteien nahe standen, darunter viele, die davon überzeugt waren, es sollte Frankreichs Aufgabe sein, in Deutschland die Wiedergeburt und die Konsolidierung der demokratischen Kräfte zu unterstützen: Viele Sozialisten und Menschen christlicher Verantwortung, darunter manch einer, der nach 1945 in Deutschland in diesem Sinne aktiv geworden war, konnten sich mit einem Europa nicht abfinden, dessen erste Schritte zu einer Wiederbewaffnung führten, an der unvermeidlich Offiziere und Generäle, die bis zum Ende unter Hitler gedient hatten, einen entscheidenden Anteil nehmen würden, denn mit den Überlebenden des 20. Juli allein konnte man keine Armee aufbauen. Die Solidarität mit unseren deutschen Freunden, die sich nach 1945 für die Errichtung eines anderen Deutschlands eingesetzt hatten und von denen viele die Wiederbewaffnung ablehnten, wog dabei nicht weniger schwer als das innere Widerstreben gegen die Erkenntnis des totalitären und imperialistischen Charakters der Sowjetunion; ihn zuzugeben fiel den meisten jüngeren Franzosen aus dem Widerstand so schwer, weil ihre marxistisch fundierte Verurteilung des Kapitalismus dagegen stand wie auch die emotionale Barriere, mit den Kameraden zu brechen, die bei der Befreiung und besonders danach zur K. P. F. gestoßen waren. Ich gehörte selbst zu dieser Gruppe; obgleich mir mehr als vielen anderen die Geschichte der Sowjetunion und die Monstrositäten des Stalinismus bekannt waren, brauchte ich Jahre, um aus diesem inneren Widerspruch herauszukommen. Erst nach dem sowjetischen Eingreifen in Budapest 1956 war für mich dieser Weg vollendet. Zwischen 1950 und 1954 aber gehörte ich zu den ausgesprochenen Gegnern der deutschen Wiederbewaffnung, ich bekämpfte sie im Bündnis mit Stalinisten und nationalistischen Gaullisten. Ich sehe meine damalige Haltung als den einzigen schweren Irrtum meines politischen Lebens an, aber ich kann auch heute noch bei allem Bedauern darüber, daß ich zum Scheitern der Verteidigungsgemeinschaft beigetragen habe, durchaus verstehen, daß es mir emotional damals unmöglich war, anders zu denken und zu handeln. Es war ein schicksalhaftes Verschulden. Auf der anderen Seite wirkte sich die ebenfalls verständliche Leidenschaft, mit der die »Europäer« an der Europäischen Verteidigungsgemeinschaft festhielten, ohne sich einer parlamentarischen Mehrheit für deren Annahme sicher zu sein, gleicherweise verhängnisvoll aus, als Pierre Mendès-France im Sommer 1954 versuchte, die Partner und besonders die Bundesrepublik zu Abschwächungen des Vertragswerks zu bringen, die eine Annahme in der Nationalversammlung erleichtert hätten. Gerade die Ratschläge und Denunziationen der französischen »Europäer«, Sozialisten und M. R. P.-Leute, bestärkten Adenauer und Spaak in ihrer hart ablehnenden Haltung. Auch eine im Sinne von Mendès revidierte Verteidigungsgemeinschaft hätte noch die vollendeten Tatsachen geschaffen, die uns heute, dreißig Jahre später, so tragisch fehlen.

Das Scheitern der Verteidigungsgemeinschaft hat in Deutschland viel Verdruß und Unverständnis hervorgerufen und den Eindruck verbreitet, auf Frankreich wäre kein Verlaß. Die Gaullistischen Prätentionen schienen vielen Deutschen, die auf jeden nationalistischen Größenwahn verzichtet hatten, gleichzeitig lächerlich und verabscheuenswert. Der direkte Beitritt zur NATO entsprach keineswegs Adenauers Ideal. Er fürchtete, daß am Beispiel Frankreichs sich auch in der Bundesrepublik wieder nationalstaatliches Fühlen und Denken entwickeln könnte – und er hatte damit keineswegs unrecht. In Deutschland fehlte es wiederum weithin an Verständnis für die fortbestehenden und für die Verteidigung der freien Welt keineswegs irrelevanten Positionen Frankreichs in Afrika und Asien. Denn nach dem Ende des französischen Indochinakriegs sah sich Amerika gezwungen, allmählich die leergewordene Stelle auf einem wichtigen Schauplatz der Auseinandersetzung mit dem Kommunismus einzunehmen. Die zunehmende Schwäche der Vierten Republik nach dem Scheitern des Experiments Mendès-France erweckte daher in Deutschland wachsende Besorgnis. Die französische Begeisterung, mit der so viele jüngere politische Kräfte quer durch die Parteien die sieben Monate der Regierung von »P. M. F.« begleitet hatten, einer so außergewöhnlichen Regierung, die wenig versprach, aber ihre Versprechungen respektierte, die Bürgertugenden wachrütteln wollte, statt dem Wähler zu schmeicheln, die eine neue humane und achtungsvolle Beziehung zu den Kolonialvölkern schaffen wollte, sie fand jenseits des Rheins fast kein Verständnis, obgleich in Frankreich gerade die besten Freunde des neuen, demokratischen Deutschlands zu den Anhängern von Mendès gehörten. Es war auch das Verdienst dieses eindrucksvollen Mannes, daß er den Weg zur Regelung des Saarproblems öffnete: Er hielt nichts von einer zwangsweisen Eingemeindung der Saarländer, nun da diese angesichts des beginnenden Wirtschaftswunders auch keine materiellen Interessen an einer Sonderbeziehung zu Frankreich mehr hatten. Frankreich seinerseits, nachdem seine Kohleproduktion weit über den Vorkriegsstand erhöht worden und die Umstellung der Energieversorgung auf Erdöl fortgeschritten war, bedurfte der Saarkohle nicht mehr. Frankreichs Saarpolitik hatte in der Bundesrepublik zehn Jahre lang böses Blut gemacht; Mendès und seine Nachfolger Edgar Faure und, als Außenminister, Antoine Pinay mußten indes ihrerseits heftige Angriffe von ultranationalistischer Seite und von ehemaligen Prokonsuln, die aus der Saar ihre persönliche Angelegenheit gemacht hatten, in Kauf nehmen. Die endgültige Liquidierung des leidigen Saar-Zankapfels fällt bereits ins Jahr 1957 – das Jahr, in dem die römischen Verträge zur Schaffung der Europäischen Wirtschaftsgemeinschaft (EWG) und von Euratom unterzeichnet wurden.

Gegen den deutschen Wehrbeitrag hatte sich in der Bundesrepublik eine heftige, großenteils außerparlamentarische Opposition entwickelt, getragen von pazifistischen und neutralistischen Elementen; mitunter waren beide in denselben Personen vereint, wie bei Gustav Heinemann und seinen jungen Weggenossen Posser, Eppler, Rau und anderen, die sich in einer »Gesamtdeutschen Volkspartei« zusammenfanden. Der westdeutsche Neutralismus jener Tage wollte sich der einseitigen Westausrichtung widersetzen, wie sie von Adenauer und den meisten Verantwortlichen der

SPD praktiziert wurde, deren Gegnerschaft zur Wiederbewaffnung ja nicht das Prinzip, sondern Modalitäten und Zeitpunkt betrafen. Eine solche Haltung war für die sowjetische Führung und deren Statthalterei in Ost-Berlin von großem Nutzen, allerdings nur so lange, wie nicht ernsthaft versucht wurde, auch die Bindung der DDR an die Sowjetunion zu lockern. Mit solchen Gedanken gingen der liberale DDR-Außenminister Deltinger und sein mit Kontakten zum Westen beauftragter Mitarbeiter Plehwe um, mit dem ich damals manches Gespräch führte, bevor beide zu langen Gefängnisstrafen verurteilt wurden. Neutralistische Ideen fanden zu jener Zeit besonders in der F. D. P. ein gewisses Echo – der einflußreiche Abgeordnete Pfleiderer, ein ehemaliger Diplomat, machte sich zu ihrem Wortsprecher. Bei den französischen »Europäern« wie bei ihren nationalistischen Kritikern wurden diese Erscheinungen ernster genommen, als sie es wohl damals verdienten, obgleich die im Kern völlig verschiedene Auffassung von der imperialistisch-aggressiven Natur des Sowjetsystems, die bei Heinemann, Niemöller, Pfleiderer und ähnlichen Persönlichkeiten bestand, schon damals für die deutsch-französische Versöhnung und Zusammenarbeit gefährlich werden konnte. Diese beruhte in der Tat in erster Linie auf der Identität der Vorstellungen von der sowjetischen Bedrohung. Inzwischen sind, Mitte der achtziger Jahre, Meinungen und Positionen, die vor dreißig Jahren nur marginale Bedeutung hatten, in Deutschland zu großen Volksbewegungen geworden, die in Frankreich das gleiche Unverständnis und Mißtrauen und die gleichen Ängste hervorrufen, nur mit viel größerer Intensität.

### *Gemeinsamer Markt und nationale Atomwaffe*

Die letzten Regierungen der absterbenden Vierten Republik haben sich zu zwei Entschlüssen von immenser Tragweite durchgerungen, die in Deutschland entgegengesetzte Reaktionen hervorriefen: die Schaffung der Europäischen Wirtschaftsgemeinschaft einerseits, der Bau der französischen Atomwaffe andererseits. Von dieser wird noch später in bezug auf ihre Bedeutung für das deutsch-französische Verhältnis die Rede sein. Auf beiden Gebieten brauchte de Gaulle nur das Erbe anzutreten. Zunächst aber stand für den deutschen Beobachter der Algerienkrieg im Vordergrund, der 1954 begonnen hatte und in dessen Einzugsbereich der französisch-englische Angriff auf Ägypten stand, nachdem der »Rais« Nasser den Sueskanal nationalisiert hatte. Die meisten Deutschen brachten kein Verständnis auf für das immense nordafrikanische Abenteuer, das die Kräfte Frankreichs in noch viel größerem Maße mobilisierte als vor 1954 Indochina. Die Algerienfranzosen erschienen den deutschen Demokraten wie eine Art von Sklavenhaltern; dafür, daß hier 1,5 Millionen Menschen sich an ihre Heimat klammerten, hatte man in einem Volk, das 13 Millionen Flüchtlinge und Vertriebene zählte, wenig Verständnis. Führende Sozialdemokraten wie Wischnewski und Blachstein und ein weiter Kreis der Neutralisten, Pazifisten und Wiederbewaffnungsgegner sympathisierten mit den Nationalbewegungen der Kolonialvölker und protestierten gegen den französischen Militarismus. Das taten auch in Frankreich neben den Kommunisten, diese aber natürlich aus anderen Beweggründen, viele Sozialisten und viele Christen – doch die Gegner des Algerienkriegs, wenn auch nicht ohne Einfluß auf die Regierungen, blieben marginal. Erst de Gaulle sollte für Algerien das Ablösungsmanöver gelingen – nach jahrelanger Vorbereitung –, das Mendès-France in Indochina 1954 im Husarenritt durchgeführt hatte. Indochina war ein Nebentheater, aber in Algerien gab es Millionen von Wählern, und ein fast millionenstarkes Heer. Viele Deutsche fanden den Algerienkrieg absurd, abschreckend, andere lachten sich ins Fäustchen, wenn die französische Presse trotz mancher Zensurversuche von Folterungen und Greueltaten berichtete: Die anderen sind auch nicht besser. Viele sahen in Frankreichs überseeischem Engagement eine Gefahr für Europa.

Wenn die Alliierten 1961 gegen den Berliner Mauerbau vorgegangen wären – was hätte Frankreich an militärischen Mitteln dafür aus Algerien abziehen können? Von einem Bemühen um europäische Mitverantwortung, mit der Absicht, dem anderen, dem Partner, mit Verständnis aus einer tragischen Zwickmühle zu helfen, war wenig zu spüren; aber da es keine politische Union Europas gab, wäre eine solche Haltung der Deutschen in Frankreich vielerorts als taktlose Einmischung empfunden worden.

### *De Gaulle legitimiert die Versöhnung*

Als de Gaulle 1958 unter brillanter Ausnützung des von Teilen der Armee und rechtsradikaler Algerienfranzosen inszenierten Staatsstreichs legal an die Macht zurückkam, berief er, wie einst 1945, meinen Freund Edmond Michelet in sein Kabinett, und wie damals wurde ich der politische Ratgeber meines verehrten Chefs, der in Dachau der Vertrauensmann der Franzosen gewesen war. Natürlich wurde ich in diesen Tagen besonders oft nach Deutschland eingeladen, um dort zu erklären, was im verbündeten Frankreich vorging. Nach einem dieser Vorträge sagte mir ein freundlicher Zuhörer: Lieber Herr Rovan, wenn sich in Frankreich der Faschismus durchsetzt, können Sie sicher sein, daß Sie mit Ihrer Familie in Deutschland eine Zuflucht finden werden. Für jemanden, der Deutschland 1934 aus Abscheu vor dem Nationalsozialismus verlassen hatte, war dies ein schöner Trost. Allerdings bedeutete de Gaulle in meinen Augen nicht den Faschismus, sondern die Rettung vor dem Faschismus. Davon meine deutschen Zuhörer zu überzeugen war aber zunächst eine sehr schwere Aufgabe. Für die Mischung aus Reaktion und Modernität, aus Traditionalismus und Demokratie, aus Autorität und Legitimitätsloyalismus, aus Nationalismus und Humanismus, aus Ambition und christlicher Humanitas, die de Gaulle einzigartig verkörperte, gab es in Deutschland wenig Verständnis und kaum ein Beispiel. Vicl später sind mir augenfällige Ähnlichkeiten mit Bismarck bewußt geworden. Auch das in Frankreich seit Bonaparte politisch beheimatete Phänomen der autoritär-plebiszitären Führerdemokratie hatte keine Analogie im politischen Bewußtsein der Deutschen (de Gaulle, der zweimal, 1946 und 1969, freiwillig der Macht entsagte, war natürlich ein viel authentischerer Demokrat als die beiden Napoleons oder der eher lächerliche General Boulanger, von dem diktatorischen Kollaborationsregime des Marschalls Pétain ganz zu schweigen). Die deutsche öffentliche Meinung brauchte lange, um sich an den General und sein Frankreich zu gewöhnen, die politische Klasse in ihrer Mehrheit hat sich mit ihm nie richtig abgefunden.

Dabei sind die Verdienste de Gaulles um die deutsch-französische Beziehung mindestens ebenso bedeutend wie die negativen Folgen seiner Irrtümer, seiner schon erwähnten Widersprüche. Unter den Verdiensten steht an erster Stelle die Verwirklichung der Anlaufsphasen der Europäischen Wirtschaftsgemeinschaft. De Gaulle hätte, in der Logik seiner Oppostion gegen die Montanunion und die Verteidigungsgemeinschaft, die römischen Verträge blockieren und zu Makulatur machen können. Unter seinen Ratgebern hörte er aber auf jene, die von der Notwendigkeit der Einigung der europäischen Nationalwirtschaften überzeugt waren und die sich vom schrittweisen Abbau des traditionellen französischen Protektionismus eine für Frankreich heilsame, modernisierende, verjüngende Herausforderung versprachen. Allerdings sollte in de Gaulles Augen der Abbau der Wirtschaftsgrenzen in keiner Weise die Prärogativen des Staates in Frage stellen. Daher widersetzte er sich vehement der Schaffung beziehungsweise dem Funktionieren von übernationalen, integralen Instanzen im Gemeinsamen Markt. Dort fand sein Verdienst eine Grenze.

Das zweite große Verdienst de Gaulles lag in der nationalen Legitimierung, mit der er die deutsch-französische Verbindung versah. Für die große Mehrheit der Nation vertrat er die Kontinuität der Geschichte, er war sozusagen das personifizierte Frankreich, wenn auch viele sich gleichzeitig über seine stolzen altväterlichen Allüren lustig machten und Minderheiten ihn glühend haßten. Indem er auf diesem Gebiet das Werk der Staatsmänner der Vierten Republik übernahm und fortsetzte, er, der doch 1940 fast allein das Panier der nationalen Würde gegen die siegreichen Deutschen hochgehalten hatte, stellte er die Versöhnung über jede Diskussion. De Gaulle empfand für die Deutschen eine keineswegs feindselige Bewunderung. Hatte er nicht 1944 bei seinem Rußlandbesuch in Stalingrad zu seinem Dolmetscher während der offiziellen Begrüßung gesagt: *Quel grand peuple* – Welch großes Volk! Und während der Dolmetscher sich anschickte, den Lobspruch »ins Russische« zu übersetzen, fügte er hinzu: Bis hierhin sind sie gekommen! Natürlich entsprach diese Bewunderung nicht immer jenen Aspekten des deutschen Charakters und der deutschen Geschichte, in denen sich die linken, fortschrittlichen, zu Auflehnung tendierenden Elemente erkennen wollten. Wenn aber de Gaulle für eine dauerhafte und privilegierte, vorrangige Bindung zwischen den einst feindlichen Völkern eintrat, konnte sich dem niemand im Namen des französischen Nationalismus widersetzen. De Gaulles schnell angeknüpfte gute Beziehungen zu Konrad Adenauer, der ihn zunächst mit ähnlichem Mißtrauen wie zuvor den Ministerpräsidenten Mendès-France angesehen hatte, gaben dem deutsch-französischen Verhältnis eine neue, spektakuläre Färbung. De Gaulles Deutschlandbesuch 1962 wurde zu einer Art Triumphzug. Vielen Deutschen gefiel es, daß der ehemalige harte Gegner ihnen Achtung und Verständnis zeigte, auch das Theatralische an dem großen Mann mochte in der gewollt prosaischen Umwelt der deutschen Politik Eindruck machen. Darüber wurden die Zweideutigkeiten und Widersprüchlichkeiten von de Gaulles Europapolitik hintangestellt. Bereits im folgenden Jahr sollte sich zeigen, daß sie keineswegs aus der Welt geschafft waren.

Mit dem Ende der Ära Eisenhower–Dulles in den Vereinigten

Staaten zeichneten sich tiefgreifende Veränderungen in der Weltpolitik ab. Die Sowjetunion besaß nun die Atomwaffe; die inneren Probleme nach dem Tod Stalins veranlaßten seine Nachfolger zu einer vorübergehenden Einschränkung der aggressiven Expansion; die NATO mußte ihrerseits ihre strategischen Vorstellungen neu formulieren: Der erhoffte Zusammenbruch des sowjetischen Imperiums in Europa entschwand in nicht abzusehende Entfernung. Die neue amerikanische Führung, ohne politische Erfahrung und zu intellektuellen Spekulationen neigend, gab in der Bundesrepublik Anlaß zu einer gewissen Verunsicherung. Die Politik der Entspannung zwang die Bundesregierung zu dramatischen Revisionen ihrer Zielsetzungen. Zwar hatte sich auch de Gaulle für die Entspannung – *Détente, entente, coopération!* – ausgesprochen, aber Konrad Adenauer, seinen Mitarbeitern und Gesinnungsgenossen bot sich oder schien sich die Gelegenheit zu bieten, den europäischen Flügel des Bündnisses der freien Welt zu verstärken, wie es mit den schnell wechselnden Regierungen der Vierten Republik nie möglich gewesen war. So konnte man hoffen, ein starkes Gegengewicht zu der fluktuierenden amerikanischen Politik zu schaffen, deren asiatisches Engagement den Europäern wachsende Sorge zu machen begann.

Für de Gaulle öffnete das Sonderbündnis mit dem Deutschland der Bundesrepublik die Möglichkeit, seinen politischen Zielen eine breitere und solidere Fundierung zu geben. Sein Gespür für die großen geschichtlichen Kräfte ließ ihm die deutsche Trennung als Zwischenspiel erscheinen, aber diesen historischen Augenblick, der voraussichtlich von einiger Dauer sein würde, mußte er nützen. Deutschland war, als Nachlaß Hitlers, in Komplexe verstrickt, die es daran hinderten, seine wirtschaftliche Macht politisch oder gar militärisch so auszuspielen wie die »normalen« europäischen Staaten. De Gaulle wollte Frankreichs Position im westlichen Bündnis gegenüber dem für ihn unerträglichen hegemonialen Auftreten Amerikas autonomer machen, und er war davon überzeugt, daß eine solche Politik auch den deutschen Interessen entsprach. Erwartungsgemäß mußten sich die anderen westeuropäischen Koninentalstaaten um ein von Frankreich geführtes deutsch-französisches Bündnis scharen. Auch nach der Entkolonialisierung blieb Frankreichs Einfluß in Afrika enorm, von den restlichen D. O. M. und T. O. M. *(Départements* und *Territoires d'Outre-Mer)* ganz abgesehen. Gemeinsam konnten Frankreich und die Bundesrepublik Europa wieder auf den Rang einer Weltmacht zurückbringen. Wenn da, in irgendeiner ferneren Zukunft, der deutschen Nation sich die Möglichkeit zu ihrer Wiedervereinigung bieten würde, könnte dies nur in einem europäischen Zusammenhang geschehen, aber wie alle bedeutenden Staatsmänner erstellte de Gaulle kein Projekt für Perioden, deren Gegebenheiten nicht vorhergedacht werden konnten.

Die Voraussetzung für das Gelingen dieses Unternehmens war, daß die deutsche Führung sich de Gaulles politisches Weltbild zu eigen machte und daß sie für die Bundesrepublik die Rolle übernahm, die der General ihr zudachte. De Gaulle hätte vielleicht eine politische Union Europas in Form eines Staatenbundes akzeptieren können, wenn es in Deutschland eine fundamentale Zustimmung zu seinen Vorstellungen von den Inhalten einer gemeinsamen europäischen Außen- und Verteidigungspolitik gegeben hätte. Aber diese seine Vorstellungen waren nirgends systematisch formuliert; was von ihnen bekannt war, mußte vielen deutschen Politikern und besonders den einflußreichen Männern der Wirtschaft als nebelhaft und obsolet erscheinen: Eine klare, eindeutige Frontstellung gegen Amerika, wenn auch innerhalb des Bündnisses – derlei schien der großen Mehrheit der in der Bundesrepublik politisch Tätigen als unzumutbares Abenteuer. Nicht die französischen Truppen, nicht die französische Atomwaffe, sondern die amerikanische Weltmacht garantierten die Freiheit der Deutschen in der Bundesrepublik und in West-Berlin.

Unter diesen Umständen mußte der Vertrag vom Februar 1963 zu einem großen Mißverständnis werden, und das wurde er auch. Abneigung gegen die Person de Gaulles, Festhalten an dem traditionellen bundesstaatlichen Konzept für die politische Einigung Europas und die Furcht vor einer Abkoppelung von der amerikanischen Schutzmacht mobilisierten sich in den drei großen Parteien der Bundesrepublik, während Adenauer, dessen Autorität nach dem Rücktrittsversprechen von 1961 im Schwinden war, nur auf eine Minderheit in den eigenen Reihen zählen konnte. Für de Gaulle war das große Konzept, nach der Annahme der dazu in totalem Widerspruch stehenden Präambel durch den Bundestag, eine schnell verblühte Rose. Nicht ohne Ironie darf man feststellen, daß eine Art gaullistischer Auffassung von der Autonomie Europas, mit Distanzierung gegenüber der amerikanischen Vormacht, heute gerade in der SPD auftritt, die 1963 zu den heftigsten Gegnern des Vertrags gehört hatte.

Von der Last des Algerienkriegs befreit, unternahm de Gaulle nun die Verwirklichung seines Konzepts ohne den deutsch-französischen Sockel. Von der Gefahr, daß die Entwicklung in Europa zu einem integrierten Bundesstaat führen könnte, hatte er sich befreit, indem er dem Fouchet-Plan die diesbezüglichen »Giftzähne« zog, weshalb dann die Beneluxländer das denaturierte Projekt verwarfen. Auch dazu, wie ebenso einst im Sommer 1954 gegenüber den Abänderungsvorschlägen von Mendès zur Europäischen Verteidigungsgemeinschaft, kann man sich heute fragen, ob der Fouchet-Plan in de Gaulles Fassung nicht doch besser als gar nichts gewesen wäre. Die Pläne zur politischen Union, über die im Jahre 1985 diskutiert wird, gehen nicht weiter als das, was de Gaulle 23 Jahre zuvor anzunehmen bereit war, allerdings wollte er die europäische Partizipation an der atlantischen Allianz und die Institutionen der Wirtschaftsgemeinschaft dem Rat der Staats- und Regierungschefs unterordnen, aber das wollen ja heute jene politischen Kräfte und Persönlichkeiten in beiden Ländern auch, offen oder mit ihren Hintergedanken, denen die Unabhängigkeit der Kommission gegenüber den Nationalstaaten ein Dorn im Auge ist.

Auf äußerst rüde Weise hatte de Gaulle es unternommen, die Bemühungen des ersten, des deutschen Präsidenten der Kommission, Professor Hallstein, zu durchkreuzen, der dem Amt das Prestige und die Macht eines Präsidenten Europas erwerben wollte. Der nächste Schritt war der Austritt aus der integrierten Militärorganisation der NATO im Jahre 1965. Auf der Grundlage der Beschlüsse der Regierungen Mendès-France und Gaillard (1958) war die französische Atomwaffe, unter de Gaulle beschleunigt entwickelt, nunmehr einsatzfähig. Auf ihr baute der General sein Konzept der politisch-strategischen Selbständigkeit Frankreichs auf (der offizielle Ausdruck ist *indépendance*, Unabhängigkeit, aber dieser ist ungenau, denn völlig unabhängig kann kein Mensch und kein Staat sein). All diese Schritte und Beschlüsse riefen in der Bundesrepublik Mißtrauen, Mißfallen und heftige Gegnerschaft hervor. Die nationale Unabhängigkeit de Gaulles erschien nicht nur anachronistisch, sie schwächte die Position der Verbündeten und speziell der Deutschen. Die Gemeinsamkeiten in Bildung und Temperament, in Geschichtsauffassung, Menschenverachtung und Machtbewußtsein, die zwischen de Gaulle und Adenauer bestanden hatten, gab es im Verhältnis des Generals zu Ludwig Erhard in keiner Weise. Das Phänomen de Gaulle war für Erhard total unverständlich. Was in diesen Jahren im deutsch-französischen Rahmen vor sich ging – die massive Entwicklung der Jugendbegegnungen durch die Aktivität des Deutsch-Französischen Jugendwerks, die fortlaufende Aufwärtsentwicklung der Handelsvolumen, der vertragsgemäße permanente Meinungsaustausch –: all dies hatte sich gegen das allgemeine politische Gesamtklima durchzusetzen. Den meisten politisch interessierten Deutschen erschien de Gaulle als der Totengräber des Zusammenschlusses Europas. Vor diesem

Hintergrund ließen sich nach dem NATO-Austritt die Verhandlungen über ein eventuelles Verbleiben französischer Truppen in Deutschland besonders schwierig an. Nur der starke Druck des Adenauerflügels in der CDU, deren wichtigster Vertreter der Bundesminister Heinrich Krone war, konnte eine Regelung durchsetzen, die sich seit zwanzig Jahren als tragfähig bewährt hat, obgleich Frankreich dabei an seiner Prärogative festhält – unter Mitterand wie unter de Gaulle –: daß ein Einsatz der französischen Truppen im Fall eines Angriffs aus dem Osten nicht automatisch, sondern nur auf Beschluß des Präsidenten der Republik erfolgen darf. Diese für die gaullistische Kontinuität in Frankreich typische Widersprüchlichkeit gilt bis auf den heutigen Tag. Es läßt sich also mit ihr leben, aber sie erzeugt in Deutschland immer wieder Mißbehagen und Mißtrauen. Die Bestimmungen des nordatlantischen Bündnisses sind dieselben: Es bleibt den Einzelstaaten überlassen, den Bündnisfall festzustellen. Der Automatismus erscheint erst in der NATO, in der integrierten Organisation, aus der eben sich de Gaulle zurückgezogen hatte. Der kommandierende Oberbefehlshaber braucht nicht auf die Beschlüsse der Einzelregierungen zu warten, er kann im Fall eines Überraschungsangriffs sofort und mit allen seinen Kräften reagieren. Genau das erwartete die große Mehrzahl der Deutschen damals vom Bündnis: Die Möglichkeit der sofortigen Antwort bildete eben den Kern der Abschreckung, und daran hat sich in der militärischen Wirklichkeit seitdem nichts verändert. Die Veränderungen sind nur im Bewußtsein und in der Meinung vieler Deutscher eingetreten.

Die französische nationale Atomwaffe war und bleibt für große Teile der deutschen Öffentlichkeit ein Stein des Anstoßes. Sie ist der Sockel des verteidigungspolitischen Sonderwegs Frankreichs. Für die einen ist sie kostspieliges Spielzeug, dessen Preis in der Modernisierung konventioneller Waffen besser verwendet wäre. Für andere ist sie ein Zeichen des fortwährenden französischen Hegemoniewillens in Europa, eines inakzeptablen französischen Hochmuts. Für die dritten ist es unerträglich, daß sie deutsches Gebiet in der Bundesrepublik oder in der DDR bedrohen könnte, was allerdings technisch nur auf die taktischen Atomwaffen zutrifft, nicht auf die *force de frappe* selbst, die auf die großen Städte der Sowjetunion gerichtet ist. Noch andere wünschen, daß die französischen Atomraketen die Verteidigung der Bundesrepublik in der gleichen Weise zur offiziellen Bestimmung hätten wie die der Territorien des *hexagone*, des Sechsecks Frankreich. Auf der französischen Seite ist das allgemeine Vertrauen zur nationalen Atomwaffe als quasi absolute Sicherheitsgarantie praktisch Allgemeingut geworden: eine geradezu komische Einmütigkeit, wenn man an die Verschiedenheit der Gründe denkt, die Kommunisten, Sozialisten, Christdemokraten, Liberale, Gaullisten und Rechtsradikale zu dieser Stellungnahme führen; komisch auch, wenn man bedenkt, wie sehr die französische Atomwaffe, um politisch wirksam zu sein (militärisch kann sie es nur zu spät werden, als Selbstmord der Nation, und dies beschränkt wiederum ihre politische Glaubwürdigkeit), die amerikanische politisch-militärische Präsenz in Europa und die amerikanischen Interkontinentalraketen als stillschweigende Voraussetzung braucht. Indem sie zu einer Art theoretischer Maginot-Linie[1] wurde, umnebelte die *force de frappe* Frankreich mit einer trügerischen Teilsicherheit, die doch nicht ohne die USA und die anderen Verbündeten gilt – aber sie gab Frankreich eben auch das politische Mitspracherecht in den großen Weltaffairen und eine gewisse positive Distanz zum amerikanischen

1 Die ungeheuren Befestigungen, die Frankreich zwischen den beiden Weltkriegen in Lothringen unter dem Namen des Kriegsministers Maginot anlegte. 1940 gelang es der deutschen Wehrmacht spielend, die Linie von Norden her zu umgehen. Der französische Generalstab hatte es für unmöglich gehalten, daß bedeutende Truppeneinheiten durch die unwegsamen Ardennen vorstoßen könnten.

Hegemoniegebaren. Der französische Generalstab hat schon seit langem mit der NATO-Führung ebensowohl wie mit der Bundeswehr schriftlich und mündlich Koordinierungsabkommen abgeschlossen, die der Frage des automatischen Einsatzes der französischen Truppen, inklusive der taktischen Atomwaffen, einen großen Teil ihrer theoretischen Bedeutung nehmen; aber derartige Besprechungen können dem Licht der Veröffentlichung nicht ausgesetzt werden, so daß Unruhe und Unzufriedenheit in der deutschen Öffentlichkeit damit ebenfalls nicht aus der Welt geschaffen werden, obgleich die diesbezüglichen Absprachen, besonders seit 1981, unter der Präsidentschaft Mitterands, nicht unerhebliche Fortschritte gemacht haben. Daß Frankreich als Atommacht sich in den achtziger Jahren den besonderen Unmut der deutschen »Ökopax«-Bewegung zuziehen würde, konnten in den sechziger Jahren die wenigsten voraussagen. In umgekehrter Richtung gab es in Frankreich einige Erregung, als damals in der Bundesrepublik, ebenso von militärischer Seite wie von konservativen Politikern, über die Möglichkeit einer Ausrüstung der Bundeswehr mit Atomwaffen gesprochen wurde. Die damalige, erste, deutsche Bewegung gegen den »Atomtod« verlief sich verhältnismäßig rasch, da aus diesen Plänen, die von den Vereinigten Staaten wegen der zu erwartenden Belastung ihres Verhältnisses zur Sowjetunion kaum ernsthaft ins Auge gefaßt wurden, nichts wurde. In Frankreich, mehr als in der Bundesrepublik, erregte ihr Wiederaufleben einige Jahre später in der Form der famosen Kennedy-Fregatten, neuen Ärger. Diesmal, man schrieb 1963, sah man in diesem Projekt die antifranzösische Politik des langjährigen Außenministers Gerhard Schröder am Werk, den die Gaullisten als ihren Intimfeind ansahen. Daß Schröder ein solches Abkommen befürwortete, an dem Frankreich natürlich nicht teilnehmen wollte, verstärkte das Mißtrauen, das man ihm in Paris als einem der prominentesten Chefs der »amerikanischen Partei« entgegenbrachte. An seiner inneren Absurdität scheiterte auch dieses Projekt jedoch sehr schnell: Es wollte auf amerikanischen Kriegsschiffen mit Atombewaffnung Militärs aus allen Ländern des Bündnisses zusammenlegen.

Der Sturz Ludwig Erhards und die Bildung der Großen Koalition, dessen Kanzler Kiesinger Adenauer nahe stand, verbesserten das Klima zwischen Paris und Bonn, ohne jedoch unangenehme Zwischenfälle auszuschließen, so als 1967 bei der Einweihung der neu-alten Botschaft im Pariser *Hôtel Beauharnais* durch den Bundespräsidenten Lübke die verzerrte Wiedergabe einer Rede des Außenministers Willy Brandt, in der er sich angeblich despektierlich über de Gaulle geäußert hatte, am folgenden Tag dazu führte, daß vom feierlichen Mittagessen im Elyséepalast die den Bundespräsidenten begleitenden Minister Leber und Wehner ausgeladen wurden, oder als die Bundesregierung 1969 unter dem Druck deutscher und ausländischer Interessen den Erwerb der Gelsenkirchner Erdölwerke durch eine staatliche französische Firma verhinderte. Es fehlte im politischen Raum jener Jahre an den für eine – im Dienste der Einigung Europas stehende – deutsch-französische Gemeinsamkeit engagierten Persönlichkeiten. In Frankreich waren die Hauptträger der Versöhnung und des Europagedankens entweder, wie die Sozialisten, schon 1959 in die Opposition gegangen oder, wie das M. R. P., nur wenige Jahre darauf; die Schwesterpartei der deutschen CDU befand sich sowieso schon seit Jahren auf einem absteigenden Ast. Bei den Gaullisten zählten die überzeugten, emotional beteiligten Vertreter einer engen deutsch-französischen Gemeinschaft viel weniger, und die Sozialisten waren dabei, innen- wie außenpolitisch nach links bis zu Wahlbündnissen mit den europafeindlichen Kommunisten abzugleiten. In der Bundesrepublik, wo der Wiederaufbau vollendet war und sich die Perspektive des kalten Krieges verdünnte, wie ebenso in Frankreich, wo man sich endlich von den siebzehn Jahren Kolonialkrieg erholen konnte, begannen sich neue, vor allem auf innere Entwicklungen und Reformen abgesteckte Horizonte abzuzeichnen: das

»französische Wirtschaftswunder« unter de Gaulle, der Anlauf zu den großen Reformen der Brandt-Periode in Deutschland. Der Einigungsprozeß in Europa setzte sich zwar in der zähen Detailarbeit der europäischen Kommission und des europäischen Gerichtshofs weiter fort und wirkte sich nach außen zunächst in Frankreich mit der gemeinsamen Agrarpolitik sichtbar positiv aus, während die Bundesrepublik aus der Öffnung der industriellen Märkte Frankreichs bedeutenden Nutzen zog, aber alle spektakulären Weiterentwicklungen zur politischen Einheit waren gestoppt.

### *Aufruhr und Beharren*

Im Frühjahr 1968 zogen durch die Straßen von Paris große Studentendemonstrationen mit dem Ruf: *Nous sommes tous des juifs allemands* – Wir alle sind deutsche Juden. Mit dieser Parole drückten die jungen Leute ihre Solidarität für Daniel Cohn-Bendit aus, einem in Frankreich von deutsch-jüdischen Eltern geborenen Studenten. Er war in der Universität von Nanterre, im Westen der Hauptstadt gelegen, bei antiamerikanischen Happenings rasch bekannt geworden. In der Bundesrepublik, in West-Berlin, in Kalifornien, in Italien, in Österreich begann die Auflehnungsbewegung fast zur selben Zeit, mit teils identischen, teils lokal verschiedenen Parolen, mit denselben Formen, die auch von der chinesischen Kulturrevolution Impulse empfingen. Seit langer Zeit, zum erstenmal seit 1848, erlebten Deutsche und Franzosen gleichzeitig eine Art von Revolutionsbewegung. Zu dieser Koinzidenz hatten gewiß auch die in bisher unbekannter Breite seit 1963 vom Deutsch-Französischen Jugendwerk organisierten oder subventionierten Jugendbegegnungen beigetragen, an denen schon nach kurzer Zeit fast 300000 Jungen und Mädchen jährlich teilnahmen – es war die größte derartige »Völkerwanderung«, die je aus zivilen Gründen organisiert worden ist (von endgültigen Auswanderungsbewegungen, wie sie sich im 19. Jahrhundert nach Amerika ergossen, ist hierbei natürlich abzusehen). Die Begegnungen, Studienreisen, Seminare, Sprachkurse, Ferienaufenthalte waren von sehr verschiedener Dauer und Intensität und sind es heute noch (die Gesamtzahl der Teilnehmer hat sich seit Jahren auf ungefähr 130000 stabilisiert, nicht wegen zurückgehenden Interesses, sondern aus finanziellen Gründen), aber der Gesamteffekt ist bedeutsam, vor allem wenn man an die Folgen der längeren Studienaufenthalte besonders für zukünftige Lehrer und hohe Beamte denkt. Sie sind nur vergleichbar mit den zahlreichen Stipendien, die an deutsche Studenten von amerikanischen Universitäten ausgegeben wurden, besonders in den fünfziger und sechziger Jahren; gleichwohl konnte der Austausch zwischen den Vereinigten Staaten und der Bundesrepublik keine ähnlichen Massenzahlen erreichen. Die langfristigen Bewußtseinsveränderungen in bezug auf Deutschland und die Deutschen, die in den sechziger, siebziger und achtziger Jahren in Frankreich bemerkbar wurden und in aufsehenerregenden Meinungsbefragungen ihren Niederschlag fanden, sind ohne Zweifel zu einem guten Teil auf das Wirken des Jugendwerks hinzuführen. Für Hunderttausende von jungen Leuten beider Länder ist das Nachbarland keine *terra incognita* mehr, während sie es früher mit zahlenmäßig geringen Ausnahmen nur durch Kriegsläufte kennenlernen konnten. Bereits 1968 machte sich die Arbeit des Jugendwerks, auch mit dem Deutschen Akademischen Austauschdienst (DAAD), durch die wachsende Zahl der Studenten bemerkbar, die im anderen Land eingeschrieben waren. Die Studentenbewegung erreichte aber sehr schnell Ausmaße und rief Folgen hervor, die nur in großgesellschaftlichen Zusammenhängen voll verständlich werden und unter deren Ursachen der deutsch-französische Austausch nur eine Teilrolle gespielt hat.

In Frankreich waren Ausmaß und Folgen zunächst am eindrucksvollsten. Macht und Autorität de Gaulles gerieten ins

Wanken; was sich in den Köpfen und Seelen der jungen Menschen vollzog, die in Frieden und relativem Wohlstand und mit mehr Sicherheit und mehr Chancengleichheit als alle vorangehenden Generationen herangewachsen waren, das war dem großen alten Mann kaum zugänglich. Die geistig-moralische Baufälligkeit der Gesellschaft, durch die Studenten publik gemacht, spielte der kommunistischen Partei die Möglichkeit zu, nun ihrerseits die aufplatzende Unzufriedenheit der Arbeitnehmer vor ihren politischen Karren zu spannen. Die von niemandem vorhergesehene immense Bewegung in der Arbeitnehmerschaft zeigte altbekannte Züge der französischen Volksgeschichte: die *journées*, rasch aufbrausender und wieder zurückfallender Aufruhr der städtischen Massen, die anarchistischen Versuche der reinen Verweigerung, die nach Solidarität, Selbstgestaltung und Selbstverantwortung in kleinen, überschaubaren Bereichen drängenden Tendenzen der *commune* von 1871. Der Partei erging es dabei wie de Gaulle; auch sie brauchte einige Zeit, um das Phänomen zu erkennen, um es in den Griff zu bekommen, und richtig verstanden hat sie es wohl ebenfalls nie. Man könnte nicht ohne Berechtigung sogar sagen, daß, ebenso wie de Gaulles politisches Ende im April 1969 eine späte Folge der Maikrise von 1968 gewesen ist, auch der Abstieg der Kommunistischen Partei Frankreichs, der Ende der siebziger Jahre offenkundig wird, in seinen Wurzeln auf 1968 zurückgeht: Seitdem hat die Partei ihren Einfluß auf die in Frankreich politisch so wichtige linksintellektuelle Meinung zunehmend verloren, ohne daß sie ihre Kontrolle über die Arbeiterschaft im alten Maße wiederherstellen konnte.

Die Krise von 1968 mündete in zwei einander ganz entgegengesetzte Entwicklungen ein: In der Sphäre des Staates, in Politik und Wirtschaft entstand eine Mischung aus konservativer Restauration, rasch fortschreitendem allgemeinem Wohlstand und gemäßigten Reformen, die die Ära Pompidou, eine Art von prosaischer Nebenform des Gaullismus, auszeichnet – Pompidou war es gelungen, mit einer Reihe von finanziell recht einträglichen Konzessionen die Arbeiter in die Betriebe zurückzubringen, dabei hatte sich die objektive Interessengemeinschaft zwischen der Regierung und der K. P. F. besonders augenfällig gemacht. Auf der Ebene des geistigen, intellektuellen, universitären Lebens hingegen setzten sich Bewegungen und Erregungen weiter fort, besonders an den Universitäten, wo noch de Gaulle auf Rat des klugen, aber opportunistischen Ministers Edgar Faure eine Reform durchgeführt hatte, die den aufbegehrenden Elementen große Einflußmöglichkeiten öffnete. In dieser Hinsicht war die Entwicklung mit der deutschen vergleichbar, aber nur in dieser. Während der französische Staat unter der gelassenen Führung von Pompidou seine ungeheure Widerstandsfähigkeit unter Beweis stellte, begann in Deutschland, in der Bundesrepublik, die Ära Brandt, mit der neuen (nicht unbeschränkten) Herrschaft der Sozialdemokratie und der neuen Ostpolitik.

*Ostpolitik oder deutsch-deutscher Sonderweg*

Eine so tiefgreifende Veränderung wie der Wechsel an der Spitze der Bonner Politik mußte in Paris Fragen aufwerfen, Beunruhigung erzeugen. Innenpolitisch gesehen entsprachen die Ideen der deutschen Sozialdemokratie keineswegs den Überzeugungen eines Georges Pompidou, die man als eine Art von staatsautoritärem Liberalismus umschreiben könnte. An die wirkliche Bedeutung der gegenseitigen deutsch-französischen Abhängigkeit hatte man sich in den führenden Schichten beider Länder noch nicht genügend gewöhnt – aber steht es darum heute besser, sechzehn Jahre später? Vor allem aber war es die neue Ostpolitik, die in Frankreich Kopfzerbrechen schuf. Jedesmal wenn die Bundesrepublik auf diesem Gebiet aktiv wird, machen die Politiker Frankreichs und die Meinungsbildner (die ja letzthin auch zu diesen gehören) besorgte oder empörte Fragezeichen. Wollen die

Deutschen nicht in irgendeiner Form doch ein neues Rapallo, eine Sonderbeziehung zu den Sowjets, aus der sie – gegen die Interessen der Verbündeten und besonders Frankreichs – politisches und wirtschaftliches Kapital schlagen könnten? Um selber den Vereinigten Staaten gegenüber sich autonom gebärden zu können und um selber eine nutzenbezogene Sonderbeziehung zu den Sowjets einfädeln zu können, ist es für Frankreich sicher das beste, wenn die Bundesrepublik ohne eigene Initiativen brav Amerikas Musterschüler bleibt. Und unternimmt die Bundesrepublik eine neue Ostpolitik nicht vor allem, um die Spaltung Deutschlands zu überwinden?

Die meisten politisch interessierten Franzosen sind in bezug auf die deutsche Einheit in gleicher Weise schizophren wie die Deutschen selbst, nur haben ihre Leidenschaften oder Gemütsaufwallungen andere Inhalte: Einerseits kann und will man den Deutschen nicht glauben, daß sie – wie es Franzosen unter derartigen Umständen täten (oder meinen, sie würden es tun) – nicht Tag und Nacht an nichts anderes als an die Wiederherstellung der deutschen Einheit dächten; andererseits aber hat man die größte Angst, daß sie dies wirklich tun könnten, weil dies, so glaubt man, den unvermeidlichen Rückfall in die nationalistischen und imperialistischen Bahnen des Zweiten oder sogar des Dritten Reichs bedeuten würde. Zum dritten findet man es aber legitim und normal, daß die Deutschen im Westen sich um die Deutschen im Osten bemühen. In Frankreich selbst war man ja in diesen Jahren weithin von der positiven Bedeutung der Entspannungspolitik überzeugt, so daß als Ergebnis sich manchmal eine Art von Wettlauf um die Gunst Moskaus abzeichnete, der natürlich den Interessen *aller* westlichen Verbündeten abträglich war. Überdies mochte Pompidou Willy Brandt so wenig wie de Gaulle einst Ludwig Erhard. Trotzdem war das Ergebnis dieser Jahre so schlecht nicht. Bei den vielschichtigen Verhandlungen, an denen die Alliierten sowohl als Verbündete der Bundesrepublik wie durch ihre weiterbestehende Gesamtverantwortung für Deutschland als Ganzes und nicht zuletzt als Besatzungs- und Schutzmächte von West-Berlin Anteil hatten, war der Beitrag der französischen Diplomatie besonders für die Erarbeitung des Berlin-Abkommens von großem Wert, aber davon gelangte natürlich wenig an die Öffentlichkeit. Eine der Folgen der neuen Ostpolitik war dann die Anerkennung der DDR durch Frankreich und die Aufnahme diplomatischer Beziehungen mit Ost-Berlin. Frankreich hat sich dabei große Zurückhaltung auferlegt – doch auch die DDR-Regierung hat ihrerseits wenig getan, um die neuen Beziehungen zu intensivieren. Die »privaten« Kontakte mit der K. P. F., dieser nahestehenden Organisation, und mit kommunistisch regierten Gemeinden werden weit besser gepflegt. An diesem niedrigen Profil hat auch der Besuch des Premierministers Fabius in Ost-Berlin nichts geändert. Hingegen herrschen in der französischen Öffentlichkeit sehr übertriebene Vorstellungen von Ausmaß und Bedeutung der Wirtschaftsbeziehungen zwischen den beiden deutschen Staaten, von der Rolle der DDR als »Geheimmitglied« der Europäischen (Wirtschafts-) Gemeinschaft. Eine Angelegenheit wie die des geplanten und dann abgeblasenen Honecker-Besuchs in der Bundesrepublik hat das politische Frankreich enorm beschäftigt. Man reagiert mit äußerster Besorgnis, ja Nervosität auf jedes Anzeichen einer Entwicklung, die als ein erster, selbst winziger Schritt zur »Selbstneutralisierung« der Bundesrepublik interpretiert werden könnte; angesichts einer solchen Perspektive gibt es die Reaktion der Wortführer der sturen *indépendence nationale*, der Nationalen Unabhängigkeit: Verlaß ist auf niemanden, Frankreichs Verteidigung muß sich auf den Boden Frankreichs konzentrieren, sie beruht in allererster Linie auf der Stärke der nationalen Atomwaffe; sie muß abgesichert werden durch eine *diplomatie tous azimuths*, nach allen Himmelsrichtungen, die ein Übereinkommen mit Moskau wie die Beibehaltung des Bündnisses mit Washington und Bonn gleichermaßen betreiben soll. Eine zweite Haltung reagiert auf die Gefahr der *dérive allemande*, des deutschen Abgleitens, indem versucht werden soll, die atlantische und europäische Verankerung der Bundesrepublik zu retten; aber Frankreich müßte, um hier überzeugend zu wirken, mit gutem Beispiel vorangehen, und daran wird es durch den Einfluß der Parteigänger der *indépendance nationale* gehindert, die ihrerseits aber auch nicht stark genug sind, um ihre Politik positiv durchzusetzen.

Immerhin ist die deutsche Ostpolitik der siebziger Jahre nicht Ursache für wirklich ernsthafte Interessen- oder Ideologiekonflikte mit Frankreich geworden; dazu hat natürlich auch beigetragen, daß ihre aktive Periode verhältnismäßig kurz war und eigentlich zu nichts mehr als zur Liquidierung der nur noch theoretischen Positionen der vorherigen Periode geführt hat (Grenzanerkennung, Verzicht auf den Alleinvertretungsanspruch und so weiter). Spätestens 1975, nach dem in Helsinki erreichten zweiten Abkommen mit Polen, war die aktive Ostpolitik, trotz mancher erfolglos gebliebenen weiteren Ansätze, vorüber. Mit der neuen, nach dem Nahostkrieg 1973 sich abzeichnenden Weltwirtschaftskrise und mit dem Terrorismus stellen sich ganz neue Probleme in den Vordergrund der deutsch-französischen Beziehungen. Das Mißtrauen oder die Angst vor deutsch-deutschen Sonderentwicklungen flackert immer wieder auf, aber es wächst auch das Verständnis dafür, daß die Deutschen der DDR Anspruch auf die Solidarität des ganzen westlichen Europas haben. Zur Verbreitung dieser Erkenntnis wird die Entwicklung in Polen von 1980 an wesentlich beitragen.

### *Linke Sympathien für die* bande à Baader *und kommunistische Götterdämmerung*

Das Heranwachsen der außerparlamentarischen Opposition in der Zeit der großen Koalition zog in Frankreich zunächst nur das Interesse kleiner und solcher Kreise auf sich, die sich fortwährend mit den deutschen Zuständen und Entwicklungen beschäftigen. Ebenso ging es mit der zunehmenden geistigen Beeinflussung des Universitätsnachwuchses durch den Marxismus, nachdem dieser in der Generation zuvor, zwischen 1950 und 1968, weitgehend an den Rand gedrückt worden war. Die Studentenbewegung, die neuen linksradikalen Gruppen, die gewaltsamen Massendemonstrationen, der in der Tat(sache) sehr beschränkte, aber in seiner psychologischen Wirkung äußerst bedeutsame Terrorismus und die von den Regierungen und Parlamenten langsam und zögernd in die Wege geleiteten Gegenmaßnahmen weckten kaum ein breiteres Interesse. Zunächst meinte man in Frankreich vielerorts, es handele sich um ähnliche Bewegungen, wie man sie im Mai 68 selbst erlebt und schnell in die politische Bedeutungslosigkeit weggedrängt hatte; allmählich aber wuchs das Verständnis dafür oder zumindest die Erkenntnis, daß in Deutschland andere Komponenten eine Rolle spielten. Über das amerikanische Engagement in Vietnam vermochte sich die Mehrheit der Franzosen angesichts der Erinnerungen an den eigenen Vietnamkrieg, an Algerien und angesichts des weiterbestehenden französischen Engagements in der außereuropäischen Welt nicht auf dieselbe abstrakt-ideologische Weise zu entrüsten wie die Deutschen der Bundesrepublik. Amerikanische Truppen und amerikanische Waffensysteme waren in Frankreich nicht stationiert, und es gab dort nichts, was mit der Lage West-Berlins, lange Zeit Hochburg des neuen Radikalismus, irgendwie vergleichbar war.

Wie zahlreiche Deutsche sich selbst weiterhin immer wieder im Verhältnis zu der nationalsozialistischen »Ekstase« erleben – indem sie mit den Belastungen, der »Sippenhaft«, die aus dieser Periode auf ihnen lastet, Schluß machen wollen, sie ablehnen, sie verdrängen oder indem sie in einer nach außen manchmal geradezu seltsam anmutenden Bemühung vermeiden wollen, dieselben Fehler zu begehen wie ihre Väter oder Großväter (die beste Weise, um diese Fehler doch zu begehen, aber mit völlig gutem

Gewissen) –, gerade ebenso erliegen viele Franzosen, und gerade jene, die am heftigsten den Nationalsozialismus verurteilen, der Versuchung, alle Deutschen und alles Deutsche unter dem Gesichtspunkt des Hitlerismus zu betrachten. Der »Antifaschismus« wandelt sich dabei zum Vorwand, zum Wandschirm, hinter dem sich die politische Leidenschaft verbirgt. Der Haß gegen Kapitalismus, Imperialismus, Restauration, gegen die bürgerliche Gesellschaft, gegen ihre »pseudodemokratische« oder »formaldemokratische« Verkleidung schufen auch in Frankreich eine weit ausgedehnte Sympathiezone für die gewaltanwendenden deutschen Revolutionäre. Amerika und Bonn erschienen den so denkenden und fühlenden Franzosen als die direkten Nachfahren und Erben Hitlers und die *bande à Baader* als die legitimen Fortsetzer der – natürlich fast ausschließlich »proletarischen« – deutschen *résistance*. Diese geistig-politische Haltung stand in beiden Ländern in engem Zusammenhang mit der in denselben Kreisen betriebenen innermarxistischen Kritik am »real existierenden (stalinistischen) Sozialismus« der Sowjetunion, der osteuropäischen Satellitenstaaten und insbesondere der DDR. Nach Budapest und Prag, nach dem Chruschtschow-Bericht, nach den Dissidenten und besonders nach Solschenizyn hatten nun die meisten Linken und sogar die meisten Marxisten den Bruch mit Moskau und der moskauhörigen Kommunistischen Partei vollzogen, aber diese Entscheidung hinterließ ein schlechtes Gewissen, Angst und den ständigen Zwang zur Wahl zwischen einer zumindest indirekten Unterstützung der »revolutionären« Macht UdSSR oder der »imperialistischen« Macht USA. Da man im Westen lebte und zu ihm gehörte, war der Kampf gegen die eigene »Vormacht« vorrangig. Man konnte sich ja immer mit der Idee trösten, daß die Existenz einer anderen, nicht stalinistisch-bürokratisch verknöcherten Form von Sozialismus eine befreiende Wirkung auf das »Lager« und an erster Stelle auf die DDR hervorbringen würde. So entwickelte sich in den siebziger Jahren, vor allem seit in Deutschland Willy Brandt das Opfer der SED-Geheimdienste geworden und durch Helmut Schmidt ersetzt worden war, wieder eine ausgedehnte deutsch-französische politische Solidarität, diesmal der extremen Linken und ihrer Sympathisanten (während in den vierziger und fünfziger Jahren eine vergleichbare Solidarität vor allem die Christdemokraten beider Länder geeint hatte). Der Besuch, den Jean-Paul Sartre den in Stammheim einsitzenden Terroristen abstattete, die zahlreichen Unterschriften gegen die »Foltermethoden« der westdeutschen Justiz, die in den Universitäten und unter Pariser Intellektuellen gesammelt wurden (von Unterschriftsammlungen gegen die Methoden der DDR-Justiz ist nie die Rede gewesen), der brutale Angriff auf die westdeutsche Demokratie unter der Feder von Jean Genêt in *LE MONDE* (von einer Tätigkeit Genêts gegen die Nazis während der deutschen Besetzung war nie etwas bekannt geworden) gehören in dieses Kapitel.

Im historischen Zusammenhang der französischen Politik muß diese hektische Aufregung mit ihrer systematischen Kritik an Bonn als ein Aspekt der politisch-intellektuellen Mobilisation für die *Union de la Gauche*, die Union der Linken, angesehen werden, die zwischen 1972 und 1977 den Sieg der »Linken« und den Bruch mit dem Kapitalismus wie eine Art »Wiederkunft des Herrn« oder den Beginn des Goldenen Zeitalters erwartete. Trotz der Enttäuschung von 1977, als die Kommunistische Partei Frankreichs die Union brutal aufsagte, was die Wahlniederlage von 1978 zur Folge haben sollte, blieb bis zu Mitterands und der Sozialistischen Partei großen Siegen von 1981 von dieser Mentalität viel übrig, und zwar gerade bei den von sozialdemokratischen Abweichungen gereinigten Linksintellektuellen, die nun massiert den Sozialisten zuströmten. Der lyrische Satz, den François Mitterand vor dem *Panthéon* nach dem Siege ausspricht: »Zum erstenmal seit 200 Jahren fällt Frankreichs politische Mehrheit mit seiner sozialen Mehrheit zusammen«, so falsch oder sinnlos er für den Historiker klingen mochte – der Erwartung und Hoffnung eines guten Teils seiner intellektuellen

Anhängerschaft entsprach er aufs beste. Da der wahre Sozialismus sich vor allem von der sozialdemokratischen Versuchung reinhalten mußte, kam es darauf an, den real existierenden Sozialdemokratismus zu denunzieren, zu entlarven, bloßzustellen. Was man nicht wollte, hieß Godesberg, hieß Helmut Schmidt, und von diesem Standpunkt aus machte man sich die Argumente der Terroristen, der RAF, gegen die Bundesrepublik zu eigen, gegen den Polizeistaat Bundesrepublik mit »Foltermethoden« und Berufsverbot. Um diese Narrheit der linken Vernunft zu bekämpfen, veröffentlichte ich anfangs 1978 das Pamphlet *L'Allemagne n'est pas ce que vous croyez* – Deutschland ist anders, als ihr meint (*Editions du Seuil*, Paris 1978). Nach 1978 flaute diese Erregung allmählich ab. Die »Schuld« daran trugen zunächst die französichen Kommunisten, da sie ihre kurze »eurokommunistische« Periode beendeten und zur härtesten und kurzsichtigsten stalinistischen Orthodoxie zurückkehrten, damit unsägliche Verwirrung bei den Linksintellektuellen hinterlassend, die so viel Hoffnungskapital in der *Union de la Gauche* investiert hatten. Zu der großen Umkehr in diesen Kreisen trägt sodann – umgekehrt wie Ende der sechziger Jahre bei den deutschen »Neuen Linken« der Vietnamkrieg – die sich allmählich verbreitende Kunde über den in Kambodscha von den Roten Khmer durchgeführten Völkermord bei. Wieder einmal war man den »Fabrikanten des neuen Menschen« auf den Leim gegangen, und diesmal waren die gräßlichen Massenmorde nicht das Werk orthodoxer Stalinisten, von denen man dergleichen irgendwie gewohnt war und von denen man sich ja deshalb distanziert hatte, sondern echter Marxisten-Leninisten, der Verbündeten jener Chinesen, bei denen man die revolutionäre Hoffnung gerade während der Kulturrevolution so sicher aufgehoben gesehen hatte. Nun entpuppte auch diese Gottheit sich als eine, die keine war; alle diese Erfahrungen hatte Koestler vierzig Jahre früher durchlaufen und genial beschrieben – den aber hatten sie entweder nicht gelesen, oder sie *wollten* ihm nicht glauben. Die Enthüllungen über China folgten, hervorragend geschrieben von Leuten der linken intellektuellen Szene, die jahrelang ihr Leben auf diese Sache gestellt hatten. Dann kamen Polen und Afghanistan. Polen – das ist für Frankreich nicht ein Erbfeind, sondern ein jahrhundertelang Verbündeter, den man 1792/94 ebenso schmählich im Stich gelassen hatte wie 1939. Das schlechte Gewissen Frankreichs gegenüber Polen schafft hier eine von der deutschen völlig verschiedene Ausgangssituation. Hinzu kommt für die katholische Linke Frankreichs, die politische wie die gewerkschaftliche, die Anziehungskraft der christlichen Demokratie mit Arbeiterbasis in der Solidarnosc. Die geistige Beziehung zwischen der polnischen und der französischen Intelligenzia schuf eine sehr viel stärker ins Augen fallende Anteilnahme an der dortigen Entwicklung (aus Deutschland kamen hingegen sehr viel mehr Hilfspakete, und zugleich war in den deutschen Zeitungen viel weniger von Solidarnosc die Rede). Die Unfähigkeit der französischen Kommunisten, sich klar und deutlich von den Sowjets zu distanzieren, hat zu ihrer geistigen *und* politischen Isolierung wesentlich beigetragen, und diese dauert an.

Ähnlich stehen die Dinge mit Afghanistan. Der Angriff auf ein kleines blockfreies Land, von dem der Sowjetunion keinerlei Gefahr drohen konnte, ist unvergleichbar mit dem amerikanischen Eingreifen in Vietnam, wo es darum ging, einen Teil der freien Welt gegen den Angriff eines kommunistischen Staats zu verteidigen. Kambodscha, China, Polen, Afghanistan stellen nicht nur den Stalinismus, sondern auch den Leninismus in Frage. Die Folge war, daß ein großer Teil der linken Meinungsmacher, der linken politischen Klasse, die von Moskau her drohenden Gefahren wieder ernst nahm. Die Außen- und Verteidigungspolitik der Präsidentschaft Mitterands zwischen 1981 und 1986 sowie der ganz allgemeine Konsens zu dieser Politik (nur die auf 11 % der abgegebenen Stimmen reduzierten Kommunisten und kleinere Randgruppen schlossen sich hiervon aus) hat sich zu einem großen Teil von dieser Entwicklung genährt, zu der es in der Bundesrepublik wieder kaum Vergleichbares gab.

## *Eine nüchterne Idylle: die Freundschaft Giscard–Schmidt*

Im Jahre 1974 kamen ziemlich gleichzeitig Helmut Schmidt und Valéry Giscard d'Estaing an die Spitze der Geschäfte. Zwischen Willy Brandt und Georges Pompidou hatte es wenig Sympathie gegeben. Pompidou nährte den Deutschen gegenüber ein allgemeines Mißtrauen, wenn er auch unter den modernen Malern Hans Hartung besonders schätzte. Der allerdings hatte als Fremdenlegionär im Dienste Frankreichs ein Bein verloren. Mißtrauen war überhaupt das Hauptkennzeichen jenes Abkömmlings einer Kleinbauernfamilie aus dem Cantal, dem Herzen der keltischen, wenn nicht sogar eher vorkeltischen Auvergne. Brandts idealistischer Höhenflug lag ihm gar nicht. Als Bankier stand er in engeren Beziehungen zur Londoner City als zu Frankfurt. Auch Schmidt und Giscard waren grundverschiedene Leute: der Kleinbürgersohn proletarischer Abkunft hier und der Sproß eines großbürgerlichen Geschlechts mit Adelsprätentionen dort. Dem einen hatte das Schicksal nie etwas geschenkt, der andere hatte sogar seinen Sitz in der Nationalversammlung von einem Großvater ererbt. Aber beide waren, gleichzeitig, Finanzminister gewesen, und in Finanz- sowie Wirtschaftsfragen verstanden sich der Sozialdemokrat und der Liberale schnell. Dabei wäre Schmidt von beiden wohl noch der liberalere gewesen. Es hat auch in den sieben Jahren der Ära Schmidt–Giscard nicht an Schwierigkeiten im deutsch-französischen Verhältnis gefehlt – man denke nur an den vergeblichen Versuch, einen gemeinsamen Panzer zu bauen –, aber im großen und ganzen verlief die staatliche Beziehung ziemlich schmerzlos. Der wirtschaftliche Austausch nahm an Bedeutung weiter zu, allerdings verstärkte sich mit der Zeit das für Frankreich weniger günstige Ungleichgewicht. In Helsinki, in Belgrad, in Madrid zogen die beiden Staaten in dieselbe Richtung; gegen Ende der Periode ergab sich allerdings eine nicht unbedeutende Differenz, indem Schmidt 1979 sehr drängend auf die von den Sowjets hinter dem Vorhang der Entspannung vollzogene Weiter- und Neurüstung hinwies und eine westliche Aufhol- und Nachrüstung forderte, während Giscard, der bereits seine Wahl bis zu einem gewissen Grade indirekt den Sowjets mitverdankte,[1] besonders nachdrücklich für die Weiterführung der *détente* eintrat. Die seit 1973 einsetzende Weltwirtschaftskrise verstärkte die Verzerrungen im Vergleich der beiden Länder, besonders im Gefälle der Inflationsraten.

Der während Pompidous Regierungszeit vollzogene Beitritt Großbritanniens zur Europäischen Gemeinschaft hatte indirekt bedeutende Veränderungen im deutsch-französischen Verhältnis hervorgerufen. Frankreich und die Bundesrepublik vermochten nunmehr nicht mehr so leicht wie früher durch ihr Zusammengehen die kleineren Partner mitzureißen; innerhalb der Gemeinschaft mußten sich konzertiertere Beziehungen einpendeln, und die Verhandlungen nahmen mehr Mühe und mehr Zeit in Anspruch. Mit seiner ausgesprochen anti-integrationistischen Politik war Großbritannien, besonders nach Ted Heath, eine Art von de Gaulle-Ersatz, sobald Frankreich einmal diese Rolle nicht selbst spielen wollte, und die Wirtschaftskrise verstärkte überall den Hang zum nationalen Egoismus. Gewiß war der deutsch-französische Airbus auch wirtschaftlich ein Erfolg, während die französisch-englische Concorde nur Ruhm, aber nicht genug Dollars verdiente, doch an dem großen multinationalen Tornado-Projekt nahm Frankreich nicht teil. Schmidt war kein Europäer aus Leidenschaft, und das war auch Giscard nicht; das Bestehende konnten sie ungefähr aufrechterhalten, aber zu großen neuen Fortschritten waren beide nicht gestimmt. Immerhin wurde in dieser Zeit der Europäische Rat geschaffen, heute wohl

1 Zwischen den beiden Wahlgängen der Präsidentschaftswahl von 1974 hatte der sowjetische Botschafter demonstrativ dem Kandidaten Giscard d'Estaing einen Besuch abgestattet, sehr zum Ärger der französischen Kommunisten.

zusammen mit der Kommission, diese aber aus entgegengesetztem Geist geboren, die wichtigste Institution Europas – allerdings in einen Kontext gesetzt, der über das Europa der Vaterländer, über einen Bund unabhängiger Nationalstaaten nicht hinausreicht, der sich bemüht, schrittweise zu einer gemeinsamen Politik in den verschiedensten von den römischen Verträgen nicht betroffenen Lebensgebieten zu kommen. Als Gefahr erscheint dabei die Tendenz, die neuen staatenbündlichen Gremien über die integrierte Gemeinschaft zu stülpen, um deren europäische Souveränität auf jenen Teilgebieten, wo sie bereits besteht, auszuhöhlen. Positiv wirkt alle sechs Monate der Zwang, die Häupter der Neun, Zehn, Zwölf mit einer stattlichen Tagesordnung zusammenzubringen.

Nicht weniger differenziert, aber ebenfalls global positiv muß die zweite große Europainitiative der Giscard-Schmidt-Periode beurteilt werden (auch diese mehr Giscard als Schmidt zu verdanken): die Direktwahl der Abgeordneten zum Europaparlament. Die Autorität und die Legitimität der Volksvertreter wurde damit verstärkt, aber die geringe Bedeutung ihrer Kompetenzen sowie der permanente Druck der Nationalstaaten, diese noch weiter einzuschränken, machten aus der Reform eine Halbheit. Immerhin kann auch sie als Ansatz zu weiterem gewertet werden, die Abgeordneten bilden eine nützliche und keineswegs erfolglose Europalobby. Ohne das deutsch-französische Zusammenspiel hätte sich hier gegen den hartnäckigen Widerstand Großbritanniens wenig machen lassen.

Das gleiche gilt, und eher noch mehr, für die dritte in jener Zeit sogar ganz ohne die Briten zustande gekommene europäische Neuerung: das europäische Währungssystem, das eine effektive und operationelle, wenn auch noch keineswegs komplette Solidarität der Währungspolitik der Teilnehmerstaaten eingeführt hat. So gesehen kann die Ära Giscard–Schmidt sogar als ein Höhepunkt in der Geschichte der deutsch-französischen Zusammenarbeit für die Einigung Europas erscheinen, obgleich – aber vielleicht auch gerade weil – die Zielsetzungen damals verhältnismäßig bescheiden und sehr realistisch waren.

In beiden Ländern bahnten sich aber in derselben Periode innere Entwicklungen an, die dazu führten, daß sowohl Giscard (Mai 1981) wie Schmidt (Oktober 1982) ihre Position an der Spitze ihres Landes verloren. Aus diesen Veränderungen entstanden neue Schwierigkeiten im deutsch-französischen Verhältnis, schon weil die Öffentlichkeit in jedem der beiden Länder Schwierigkeiten hatte, die Entwicklung im Partnerland zu verstehen.

## *Keine Angst vor Frankreichs Linken*

Der Sieg der Linken bei den französischen Wahlen vom Mai 1981 und Juni 1981 rief in der Bundesrepublik ähnliche Fragen und Beunruhigungen hervor wie de Gaulles Rückkehr an die Macht 1958, nur mit umgekehrten Vorzeichen. Diese Erregung verstärkte sich noch, als die Kommunisten mit vier Ministern in die mehr als vierzig Minister und Staatssekretäre zählende Regierung Pierre Mauroy eintraten. Zum Teil beruhten diese Vorstellungen auf Unkenntnis. François Mitterand hatte öffentlich versprochen, den Kommunisten 3 Millionen Wähler abzunehmen: Bis zum Sommer 1984 war ihr Anteil an den gültig abgegebenen Stimmen von 22,5 % des Jahres 1979 auf 11 % herabgesunken. Mitterand war fast während der ganzen Dauer des kalten Krieges Minister gewesen, kein westlicher Staatsmann kannte die sowjetische Gefahr aus eigener Erfahrung besser: Im Herbst 1982 trat er im Deutschen Bundestag als energischer Fürsprecher der Nachrüstung auf. Gewählt aber waren er und seine sozialistischen Freunde, die zum erstenmal in der Geschichte der parlamentarischen Republik für sich allein die Mehrheit in der Nationalversammlung besaßen, mit einem sehr pointiert sozialistischen Programm, mit der Losung: Bruch mit dem Kapitalismus, und in der Vorstellung, daß sie mit legalen Mitteln die französische Gesellschaft weitgehend verändern würden. Von einem derartigen Programm hatten auch sehr linke deutsche Sozialdemokraten in den vergangenen Jahrzehnten kaum zu träumen gewagt. Es fehlte bei der direkt hinter Mitterand stehenden Tendenz, den *mitterandistes*, ebenso wie auf dem linken, radikalen Flügel der C. E. R. E. S.-Gruppe auch keineswegs an nationalistischen, antieuropäischen und Anti-NATO-Akzenten. Nicaragua war »in«. Und von den Deutschen des Ebert- und Noske-Nachfolgers Schmidt werde man sich nicht verbieten lassen, in Frankreich revolutionäre Änderungen zu vollziehen! Das Wirtschaftsprogramm der Sozialisten – Verstaatlichung der Privatbanken und der wichtigsten Industrieunternehmen des Landes, Einstellung von 200000 neuen Beamten, Zulassung eines massiven Haushaltsdefizits zwecks Stimulierung des Verbrauchs der Privathaushalte – mußte nicht nur der konservativen Opposition in der Bundesrepublik als schierer Wahnsinn erscheinen. Ende Mai 1981 hatte ich Gelegenheit zu einem längeren persönlichen Gespräch mit Bundeskanzler Schmidt über die neue politische Lage in Frankreich. Dabei stellte er immer wieder die Frage: Wer soll das bezahlen? Können die Leute denn nicht rechnen? Obgleich nun in beiden Ländern die Regierungen von derselben politischen Richtung geführt wurden oder, besser besagt, von Parteien, die beide der Sozialistischen Internationale angehörten, war es für François Mitterand und Helmut Schmidt zunächst ohne Zweifel sehr viel schwieriger, eine gemeinsame Sprache zu finden, als für Schmidt und Giscard. Mitterand kann nicht Englisch und versteht nichts von Wirtschaft.

Wenn es zwischen Bonn und Paris in den nächsten Monaten nicht zu größeren Krisen kam, so verdankte man das dem Umstand, daß Mitterrand hingegen viel von Politik, besonders von Außen- und Verteidigungspolitik versteht, auch diesbezüglich ganz ein Staatsmann alter Schule, für den Wirtschaft und Finanzen, nach dem bekannten Wort de Gaulles: *L'intendance suit,* als Zahlmeisterei der kämpfenden Truppe zu folgen haben. Nach kurzer Zeit ergab es sich, daß sich Mitterand in viel stärkerem Maße als Giscard der sowjetischen Bedrohung bewußt und entschlossen war, sich ihr entgegenzusetzen. Von einem Verzicht auf die französischen Atomwaffen, wie er noch im ursprünglichen »Gemeinsamen Programm« der Sozialistischen und der Kommunistischen Partei von 1972 festgeschrieben war, konnte nicht mehr die Rede sein; die Verbindungen zur NATO wurden enger und effizienter gestaltet, und Mitterand setzte sich rückhaltslos für die Installierung der neuen amerikanischen Mittelstreckenraketen in der Bundesrepublik ein. Bei dem deutschfranzösischen Gipfeltreffen Anfang 1982 wurde beschlossen, die seit zwanzig Jahren ruhenden verteidigungspolitischen Engagements des Adenauer-de-Gaulle-Vertrags von 1962 zu aktivieren.

Auch auf der europäischen Ebene bestätigte Mitterand keineswegs die Befürchtungen, die vor Mai 1981 und auch noch einige Zeit nachher durch Äußerungen führender französischer Sozialisten erweckt worden waren. Entgegen der Meinung dieser Ratgeber entschied er sich für das Verbleiben Frankreichs im europäischen Währungssystem, und dieser Beschluß enthielt in nuce bereits die Kehrtwendung in der Wirtschafts-, Finanz- und Sozialpolitik, die im Sommer 1982 einsetzt und im Frühjahr 1983 definitiv wird. Wenn man sich nicht auf Autarkieexperimente einlassen möchte, die den französischen Markt von der Außenwelt isolieren und zu autoritären Entwicklungen im Inneren – mit Verstärkung des radikalisierenden Einflusses der Kommunisten – führen müßten, kann man auf die Dauer keine Politik treiben, die der von den Partnerstaaten betriebenen entgegengesetzt ist. Die zahlreichen europäischen Initiativen, die Mitterand zusammen mit den deutschen Bundeskanzlern der Öffentlichkeit oder dem Europäischen Rat unterbreitet hat, sind allerdings bisher wenig erfolgreich gewesen, doch die Ernennung eines so wichtigen und energischen Politikers wie Jacques Delors an die Spitze der Kommission – wobei die deutsche Seite auf das ihr turnusmäßig zustehende Benennungsrecht verzichtete – war nichtdestoweniger eine bemerkenswerte europäische Leistung.

Unter diesen Umständen ist leicht zu verstehen, daß die deutsch-französischen Beziehungen von der deutschen »Wende« im Herbst 1982 kaum berührt wurden. Wie einst unter Schmidt und Giscard haben die entgegengesetzten innenpolitischen Farben die Zusammenarbeit zwischen Mitterand und Helmut Kohl in keiner Weise gestört. Zwischen November 1982, der »Pershing II«-Rede Mitterands vor dem Bundestag, und dem verunglückten »Weltgipfel« in Bonn im Mai 1985 liegt eine der intensivsten Perioden der deutsch-französischen Zusammenarbeit, besonders auf strategisch-militärischem Gebiet. Allerdings ist es auch Kohl und Mitterand nicht gelungen, in dieser geradezu phäakisch glücklichen Periode die beabsichtigten, durchbrechenden Neuerungen in Richtung auf die politische Union Europas erfolgreich in die Wege zu leiten. Hat es ihnen an Fortüne, an Durchsetzungsvermögen, an Mut zum eventuellen Alleingang zu zweit gefehlt? Mit dem amerikanischen SDI-Projekt, mit der neuen Entspannungsoffensive aus Moskau, mit dem zunehmenden Eindringen pazifistischer, antiamerikanischer, neutralistischer Tendenzen in die Blutbahn des politischen Systems der Bundesrepublik, mit einer Reihe von persönlichen Mißverständnissen und Kränkungen und infolge der immer früher einsetzenden politischen Lähmungserscheinungen durch die immer länger dauernden Wahlkampfperioden, befanden sich die deutsch-französischen Beziehungen seit dem Frühjahr 1985 wieder einmal in einem Wellentief, das nicht zuletzt auf einen neuen französischen Versuch, die Bundesrepublik zu einer Wahl zwischen Frankreich und den USA zu zwingen (Eureka gegen SDI), zurückzuführen ist, wie 1962/63 zur Zeit de Gaulles. Die Weisheit sollte für jede französische Regierung darin bestehen, zu verhindern, daß Deutschland vor eine solche Wahl gestellt wird. Darüber wird im nächsten Kapitel mehr zu sagen sein. Die tägliche Routine der Beziehungen läuft weiter, oft mit beträchtlichem Erfolg, nie hat es zwei Regierungsapparate gegeben, die so emsig und intensiv miteinander verkehrten. Aber es fehlt an Perspektiven, enthusiasmierenden Projekten; die jeweiligen Bürokratien und Interessengruppen bremsen oder erzwingen nationalegoistische Sonderwege. Die Aussicht auf neue Mehrheitswechsel in beiden Ländern, 1986 und 1987, wirkt eher lähmend als stimulierend.

*

In Frankreich kommt 1981 zum ersten Mal seit 1958 die Linke an die Regierung. Kommunistische Minister hatte es sogar seit 1947 nicht mehr gegeben. Trotz der großen Erregung, die diese Ereignisse in der Bundesrepublik entfesselten, ergibt sich fünf Jahre darauf, daß die sozialistische Regierung, die Regierungsausübung durch die Sozialisten (die Kommunisten schieden bereits im Sommer 1984 wieder aus), keine welterschütternden Umwälzungen verursacht hat. Für den Historiker, der mittelfristig denkt, sind die Elemente der Kontinuität in diesem Jahrfünft der französischen Geschichte von größerem Gewicht als die spezifischen Eigenheiten. Kann man dasselbe über die gleiche Periode der deutschen Geschichte sagen?

## *Weder Ökopax noch* indépendence nationale. *Neue Wege zur Solidarität*

Wenn man sich diese Frage stellt, gilt sie kaum der sogenannten Wende. Von der andauernden Präsenz der Liberalen und besonders des Außenministers Genscher auf der Regierungsbank abgesehen, wird der Historiker über die Kontinuität in der Politik der bundesdeutschen Führung vor und nach 1982 in der Tat ähnliches sagen wie das, was wir soeben für Frankreich feststellten.

Der Wechsel von der linken Mitte zur rechten Mitte schlägt keine hohen Wellen. In Frankreich haben die Sozialisten einige Zeit gebraucht, um sich von ihren theoretischen, extrem linken Positionen abzusetzen und zu werden, was sie in Wirklichkeit immer gewesen sind: linke Mitte. Während dieser Zeit haben sich ihre deutschen Genossen nicht ohne Erfolg bemüht, von der selbst vorgegebenen, seit fünfundzwanzig Jahren mit für sie höchst positiven Ergebnissen geführten Politik der linken Mitte – und von ihrer Galionsfigur Helmut Schmidt – loszukommen, um zu radikaleren Meinungen und Haltungen zurückzukehren. Godesberg und die Folgen hatten sie an die Macht gebracht; die zum Ende der siebziger Jahre einsetzende Entwicklung, die Schmidt und den Godesbergern den Boden unter der Regierungsbank wegzog, brachte sie prompt in die Opposition zurück. Diese Entwicklung wäre, angesichts der Kontinuität in der Regierungspolitik, für den französischen Partner zweitrangig geblieben, wenn in ihr nicht eine weit über die Sozialdemokratie hinausreichende Entwicklung der deutschen Öffentlichkeit zum Ausdruck gekommen wäre, und diese berechtigt in der Tat zu der am Ende des vorhergehenden Absatzes gestellten Frage.

Die »Ökopax«-Bewegung in der Bundesrepublik hat in Frankreich um so größere Beachtung gefunden, als westlich des Rheins vergleichbare Tendenzen keine vergleichbare Bedeutung erreichen konnten. Der allgemeine Konsens für zivile Atomkraftwerke und für die nationale Atomwaffe als Garantie der nationalen Unabhängigkeit ist da durch Ökologisten und Pazifisten kaum berührt worden. In der Bundesrepublik hingegen sah man mit einer Mischung von Erstaunen, Befremden und Schaudern eine Bewegung um sich greifen, deren Hauptzüge – von Frankreich aus betrachtet – einem ungemein deutschen, romantischen, parareligiösen Individualismus mit schizophrenen und suizidären Tendenzen zuzuordnen waren. Die Art und Weise, wie dort die an und für sich berechtigte Angst vor einem Atomkrieg – dessen Wahrscheinlichkeit in Frankreich zur gleichen Zeit als sehr gering angesehen wird und für Europa als noch geringer als in vielen anderen Teilen der Welt – zu einem psychodramatischen Nationalhappening gesteigert wurde; die Vorstellung, die Welt müßte und könnte gerettet werden; die Mischung von maschinenstürmerischem Antiindustrialismus und fortschrittsfeindlichem reaktionären Gefühlsdenken, das zu den Wortführern der deutschen Restaurationsmetaphysik vom Beginn des 19. Jahrhunderts zurückführt; die großen Massendemonstrationen, die den Ausländer unvermeidlich an die Nürnberger NS-Parteitage erinnern mußten; die von der wiederentdeckten Heimatliebe (*Small is beautiful!* – und wenn man sich klein macht, kann man vielleicht unter den Stürmen der Weltgeschichte überleben; doch erinnert die Überbetonung des Heimatlichen nicht auch an »Blut und Boden«?) über den antiamerikanischen Antiimperialismus und den so leicht antisemitisch werdenden Antizionismus zu einem neuen Nationalismus führende Entwicklungslinie; die Verachtung der »formalen« Demokratie und des Rechtsstaats, denen die metaphysisch fundierte Berufung einer »richtig« denkenden und fühlenden Minderheit zur besseren Formulierung des Volksinteresses entgegengesetzt wird (aber begegnet man da nicht irgendwie der bolschewistischen Selbstlegitimierung der Diktatur der Parteiführung über Partei, Proletariat und Volk?): all dies *mußte* geradezu Erinnerungen in Frankreich wachrufen, an deren Abbau von Adenauer bis Helmut Schmidt die Bundesrepublik so lange mit Erfolg gearbeitet hatte. Und da Neues aufregender wirkt als Bekanntes, wurde die neue deutsche Bewegung vielleicht mit einer übertriebenen Bedeutung versehen, wiewohl deren politische Folgen doch mit Recht als unabsehbar bezeichnet werden können.

In der Tat hat das Eindringen der Gefühle und Ideen der »Ökopax«-Bewegung in breite Teile der deutschen Öffentlichkeit und besonders in die Mitgliedschaft und Führung der SPD zur Folge, daß die Rolle der Bundesrepublik als Mitglied des atlantischen Bündnisses der Europäischen Gemeinschaft fragwürdig wird, so wie der »Spiegel« schon vor Jahren schrieb: Die Rolle der Bundesrepublik in der Allianz müsse die einer Bremse sein. Der Sowjetunion wird bei leidenschaftlicher Verkennung ihrer wahren Natur ein Verteidigungsbedürfnis und ein Friedenswille zuerkannt, den man bei den eigenen Alliierten anzweifelt. Indem man lauthals auf Abkommen zur Rüstungsbeschränkung dringt und die westlichen Bemühungen, von der ideologisch und sachlich fundierten imperialistischen Aggressivität des Kommunismus Sicherheit zu erlangen, verurteilt, setzt man sich objektiv in den Dienst der sowjetischen Politik.

Auf diese Weise bedroht man nicht nur die eigene deutsche innere und äußere Sicherheit (und bringt man die Deutschen in der DDR um die Aussicht, einmal wieder in den Besitz ihrer Selbstbestimmungsrechte zu gelangen) – man bedroht auch die Sicherheit der Alliierten, und besonders die französische. Solange die Sowjetunion ist, was sie ist, und solange der Atlantik 6000 km breit ist, bleibt die Stationierung amerikanischer Truppen auf dem europäischen Festland und in erster Linie (ein doppelt richtiger Ausdruck) an der Blockgrenze, das heißt in der Bundesrepublik, eine der Grundlagen der äußeren Sicherheit und der inneren Demokratie in Westeuropa. Wer das nicht wahrhaben will, bedroht sich selbst und ist bereit, die Freiheit der anderen Europäer zusammen mit der seinen zu opfern.

Von deutscher Seite kann zwar den wie oben beschrieben denkenden und sprechenden Franzosen das Festhalten an ihrer nationalen Atomwaffe und am nationalen Entscheidungsvorbehalt über den Einsatz der in Deutschland stehenden französischen Truppen vorgeworfen werden, aber diese Reservate sind unlogisch, denn jeder Sachkundige weiß, daß sie mehr und mehr theoretische Natur annehmen und daß Frankreich seine Verteidigung in steigendem, wenn auch noch immer in ungenügendem

Maße mit der NATO-Strategie koordiniert. Ein weiteres Vordringen der »Ökopax«-Mentalität in der Bundesrepublik hätte hingegen weitere negative Folgen, wie das bereits in den vorhergehenden Etappen der Fall war. Es würde den verspäteten Anhängern der *indépendence nationale* (Nationale Unabhängigkeit) neue Argumente liefern.

Trotz der immensen Verwunderung und der heftigen Abneigung, die die deutsche »Ökopax«-Bewegung in Frankreich hervorrief – eine Reaktion, die wiederum zum Teil in der Bundesrepublik Befremden und Zorn erregt (»Warum gibt es bei den Franzosen keine anständige Friedensbewegung?«) –, hat sich bisher an der seit Jahren global positiven Haltung der französischen Öffentlichkeit gegenüber dem Deutschland der Bundesrepublik, noch wenig geändert. Weiter zeigen alle Meinungsumfragen, daß die große Mehrheit der Franzosen (mehr als 65 %) die Deutschen als die geschätztesten Verbündeten betrachtet, und eine echte Mehrheit tritt dafür ein, daß Frankreich, wird die Bundesrepublik angegriffen, dieser zu Hilfe kommen müßte! Das Bewußtsein der Abhängigkeit von der Bundesrepublik aus wirtschaftlichen, politischen, besonders aber territorial-geographischn Gründen ist im letzten Jahrzehnt enorm angestiegen. In Deutschland ist dem leider wohl kaum so, obgleich auch dort eine reale Abhängigkeit von Frankreich besteht, aber nicht gleichermaßen erkannt und erlebt wird. Die Franzosen wissen in ihrer Mehrzahl, daß, wenn die Bundesrepublik in die äußere Neutralität abgleiten würde (der die innere Neutralisierung auf dem Fuß folgen würde), die Tage der französischen Demokratie und der französischen staatlichen Unabhängigkeit ebenfalls gezählt sein werden. Daher Mitterands Rede im Bundestag – von der man sich gewünscht hätte, sie wäre von der Übernahme einiger Pershings II durch Frankreich begleitet gewesen. Allen Bürgern der Bundesrepublik und allen Bürgern Frankreichs muß bewußt werden, daß jede politische und besonders jede verteidigungspolitische Entscheidung in dem *einen* Lande das Schicksal des *anderen* Landes mitberührt. Dieses Bewußtsein hat sich auch in Frankreich bisher nur teilweise durchgesetzt, aber es ist dort weiter fortgeschritten als östlich des Rheins. Es muß auch die Mitverantwortung für die Deutschen in der DDR umfassen – und für die anderen, ihrer Freiheit beraubten Völker Osteuropas. Deutsche und Franzosen sind heute, unter Androhung einer historischen Todesstrafe für beide, zur Solidarität verurteilt.

# V.
# Europa – oder der Untergang

Tausend Jahre Nationalgeschichte sind zu Ende, aber die beiden Nationen, die deutsche und die französische, wissen es noch nicht. Es wird ihnen nicht laut genug gesagt, und nicht von dazu berufenen, in den Augen der Deutschen und Franzosen jeweils legitimierten Sprechern. Die Zeit der Erbfeindschaft ist abgelaufen, aber in einer Welt, die sich immer schneller und radikaler verändert, sind die Deutschen und die Franzosen nicht in der Lage gewesen, jedenfalls noch nicht dahin gekommen und nicht dahin geführt worden, über ihre nationalen Schatten in eine neue, gemeinsame Zukunft zu springen. Alles, was sie dazu antreiben könnte, stockt heute auf halbem Wege oder dreht sich unfruchtbar im Kreis. Wie Athen, Sparta, Theben wissen wir, was uns retten könnte, aber wir schrecken ebenso zurück vor den Anstrengungen aller Art und Natur, die nötig wären, um uns zu retten, vor Veränderungen, die klipp und klar geboten sind.

Beginnen wir mit den geistigen Konturen der möglichen Rettung. Der Rahmen, in dem sich ein solcher Prozeß abspielen könnte, heißt Widerspruch, heißt Aufhebung im Sinne des Hegelschen Wortspiels, heißt: »Stirb und werde!« Die Nationen Europas, und an erster Stelle die deutsche und die französische, können nur weiterbestehen, wenn sie aufhören, das zu sein, was sie geworden und bis jetzt gewesen sind, was sie zum Teil, absterbend und verdorrend, heute noch sind. Kann man ein derartiges Wissen in politisches Wollen umsetzen? Wir wollen als Nationen weiterleben und können es nicht mehr, aber was nötig wäre, um als Nationen im großen Zusammenhang anders und dennoch in Kontinuität weiterleben zu können – »weiter« im doppelten Sinne –, das wollen wir noch nicht; und wenn wir eines Tages so weit sein würden – es ist keineswegs sicher, daß es so weit kommt –, dann könnte es zu spät sein, wenn diese Sternstunde Europas abgelaufen sein wird.

Die Nationen, deren langen Weg durch die Geschichte wir in

diesem Büchlein anhand des deutschen und des französischen Beispiels verfolgten, gehören zur Biosphäre des Menschen. Gewiß gibt es Völker, Staaten, andere Formen des gesellschaftlichen Zusammenlebens, die sich ohne den nationalen Rahmen entwickeln. In unserem Falle, dem zweier europäischer Völker mit einer langen abwechslungsreichen und komplexen Geschichte, wäre das Verschwinden des nationalen Lebensrahmens eine schreckliche Verarmung. Wir können uns die Geschichte und das lebendige Heute anderer Nationen hinzuerwerben, aber ein Abfallen in die Geschichtslosigkeit würde den Verlust eines großen Teils unseres Menschentums bedeuten. Das böse Wort Grillparzers »Von der Humanität über die Nationalität in die Bestialität« trifft gewiß zu, aber es stimmt nur zur Hälfte: allein im Blick auf den Nationalismus, den sich selbst und andere Völker zerstörenden. Auf der anderen Seite muß gesehen werden, daß niemand als »Weltbürger« direkt, als isoliertes Individuum, ohne Mediatisierung, der Kategorie Menschheit angehören kann. Familie, Freundeskreise, Konfession und Kirche, Landschaft und Heimat, Berufsgruppen, Hobbygruppen, die Nation konstituieren das Menschsein, betten es physisch und geistig ein, lassen es heranwachsen.

*

Die Geschichtslosigkeit, zu der in unserem Falle das Verschwinden des nationalen Rahmens führen würde, ist Grund und Voraussetzung jeder totalitären Diktatur. Demokratie braucht Geschichte, weil sie den Vergleich braucht. Es war einer der schwersten, für lange Zeit verhängnisvollsten Fehler der Französischen Revolution, daß sie die Demokratie mit der Negierung des *ancien régime* verknüpfte (zumindest seitens ihrer radikalen Elemente) und sich mit den geschichtlichen Referenzen Rom und Sparta begnügte, die, ohne gewachsene Beziehungen, zur französischen Wirklichkeit des Endes des 18. Jahrhunderts in abstraktem Verhältnis standen. Das Abgleiten in den jakobinischen Terrorismus steht mit diesem Geschichtsbruch im direkten Zusammenhang. Mit der Geschichtslosigkeit ist die Geschichtsfälschung, wie sie beispielsweise der Stalinismus betreibt oder parallel zu ihm der Nationalsozialismus betrieb, weithin identisch, oder sie dient zumindest als Instrument bei der Herstellung eines wirklichen Vergleichsvakuums. Die Geschichtsfälschung, wie sie gerade auch der Nationalismus so gerne betreibt, beginnt mit der Geschichtsselektion, die zwar nichts hinzufügt, aber Wesentliches verschweigt. Sie ist sozusagen auf der Ebene der Geschichte der Kollektivität das gleiche wie für die individuelle Moral die Auslassungslüge oder die Unterlassungslüge.

## *Das Ende des Nationalstaats in Europa*

Nicht die Nationen haben sich überlebt, wohl aber der Nationalstaat. Dieser, der deutsche wie der französische, kann nicht mehr bieten, wozu er geschaffen wurde: Ordnung, Sicherheit und Wohlstand. Gewiß sind kein Staat und keine gesellschaftliche Struktur vollständig, können sie totale Sicherheit und totalen Wohlstand garantieren (und welchen konkreten Sinn hätten solche Wortkonstruktionen). Die Forderungen und Erwartungen der Deutschen und Franzosen von heute in bezug auf Ordnung, Sicherheit und Wohlstand sind aber immens, sehr viel größer als je zuvor in unserer Geschichte, und umfassen Sicherheiten und »Wohlstände« in Gefilden, wo sich derartiges noch vor drei Generationen kaum träumen ließ: Wohnung, Bildung, Beschäftigung, Altersversorgung, Gesundheit, Freizeit ... Zur Sicherheit und besonders zum Wohlstand gehört heute unabtrennbar die Freiheit, gehören die Freiheiten von Zwang, das Nicht-abhängig-Sein von aufgezwungener, nicht frei gewählter Fremdbestimmung. Der deutsche Nationalstaat kann diese Erwartungen nicht erfüllen: Ein Viertel der deutschen Bevölkerung lebt ohne diese Sicherheiten und Freiheiten in einer Diktatur, und im freien

Deutschland wird einem beachtlichen Teil der Menschen die Verwirklichung des Rechts auf einen anständig bezahlten Arbeisplatz nicht mehr gewährt. In Frankreich geht es den Arbeitslosen genauso, und diese Last trifft besonders die Jugend. Die rückläufigen Geburtenzahlen, die Überalterung der Bevölkerung, die Arbeitslosigkeit, der hohe Prozentsatz des Nationaleinkommens, der für Verteidigungszwecke abgezweigt werden muß – soll die Verteidigung die äußere Sicherheit weiter garantieren, wird sie immer kostspieliger –: alle diese Faktoren, die zusammenfallen mit einem fortlaufenden Ansteigen der Ansprüche immer weiterer Kreise, verringern die Effizienz des Nationalstaats als eines Garanten von Sicherheit, Wohlstand und Freiheit.

Nun hat die historische Funktion des Nationalstaats sich ja keineswegs in Gewährung von Sicherheit, Wohlstand und Freiheit für alle erschöpft. Der Nationalstaat hat dies in der Tat geleistet, besser und für mehr Menschen als irgendeine andere Gesellschaftsform seit Beginn der Geschichte, der menschlichen Erinnerung. Nie zuvor ist es so vielen Menschen so gut oder so wenig schlecht ergangen, und dabei wurde das Ergebnis immer besser. In den europäisch-nordamerikanischen Nationalstaaten hat sich die Lebenserwartung im Laufe weniger Generationen verdoppelt, in Frankreich hat sich die Durchschnittskaufkraft der Familien im Laufe von nur 28 Jahren verdoppelt, die Einnahmen der Familien aus Sozialleistungen haben sich fast vervierfacht. In Amerika machen fast 80% der Jugendlichen das Examen, das dem Abitur entspricht, in Frankreich hat sich zwischen 1945 und 1985 die Zahl der Schüler auf den *collèges* und *lycées* (Mittel- und Oberstufe) mit fünf multipliziert, an den dreizehn Universitäten von Paris allein gibt es heute mehr als doppelt so viele Studenten wie vor 1939 im ganzen Lande. Vor 1936 hatten die Arbeitnehmer keinen gesetzlich fundierten Anspruch auf Ferien; im 19. Jahrhundert gab es weder Sonntagsruhe noch Arbeitszeitbeschränkung für den männlichen Normalarbeiter und vor den achtziger Jahren des vorigen Jahrhunderts keine Art von obligatorischer Sozialversicherung – heute haben wir vier Wochen gesetzlich verankerten Urlaub, die 39-Stunden-Woche ... All dies hat der Nationalstaat in weniger als 150 Jahren produziert – und viel, viel mehr auf den verschiedensten Lebensgebieten. Aber gleichzeitig hat er mit Nationalismus und Imperialismus einigen herrschenden Minderheiten die ideologischen und emotionellen Instrumente zu Kämpfen und Kriegen geliefert, deren vorläufige Höhepunkte Hiroshima, der amerikanische Vietnamkrieg, der Golfkonflikt seit 1980, der sowjetische Afghanistankrieg, der weltweite Terrorismus, Folter- und Morddiktaturen in fast allen nichteuropäischen und nichtnordamerikanischen Weltteilen gewesen sind – oder noch sind. Der Nationalstaat hat auch Verdun und Auschwitz hervorgebracht.

*

Die Fragen, die wir uns am Ende des 20. Jahrhunderts in bezug auf den Nationalstaat zu stellen haben, sind somit umschrieben: Kann er Sicherheit und Freiheit garantieren? Kann er neue, letzthin selbstzerstörerische, selbstmörderische Kriege und Bürgerkriege (Revolutionen) verhindern? Für Franzosen und Deutsche müssen beide Fragen eine abschlägige Antwort erhalten. Der Hinweis auf andere, kleinere Nationalstaaten wie Schweden oder auf Staaten eigenartiger Natur wie die Schweiz als Gegenargument ist fehl am Platze. Einerseits können diese Staaten ihren Bürgern nur in dem Maße Sicherheit, Wohlstand und Freiheit gewährleisten, indem sie, zumindest indirekt, von anderen, größeren Mächten, beschützt werden. Was Schweden und Schweizer nicht tun, und damit ist an erster Stelle Herstellung und Besitz von Atomwaffen gemeint, müssen andere für sie tun. Wie man in Zeitungen und anderen Schriften manchmal das Paradoxon lesen kann, die DDR gehöre indirekt zur Europäischen (Wirtschafts-)Gemeinschaft, so könnte man mit mehr Grund das Paradoxon aufstellen, Schweden und die Schweiz, ja selbst Österreich gehörten indirekt zur NATO. Nicht nur die amerikanischen und in bescheidenem Umfang auch die britischen und die französischen Atomwaffen, sondern das gesamte politisch-militärische Engagement der NATO und natürlich in erster Linie der Vereinigten Staaten bilden die Grundlage für die Neutralitätspolitik dieser europäischen Staaten, und dahinter für ihre staatliche Unabhängigkeit und für die Existenz ihrer inneren freiheitlichen und demokratischen Regierungen. In diesem Sinne ist Olaf Palme ein Kostgänger Ronald Reagans. Schweden, Österreich, die Schweiz sind kleine Staaten, die sich aus eigener Kraft einer Einverleibung durch die Sowjets nicht lange widersetzen könnten, obzwar ein solches Unternehmen, und das gilt wohl auch für Jugoslawien (oder ist Jugoslawien heute nicht mehr das Land, das Tito 1948 gegen die Kominform mobilisieren konnte?), für die sowjetischen Militärs gewiß kein Spaziergang sein würde. Die Einverleibung dieser Staaten ist heute für die Sowjetunion keine Lebensfrage wie die Aufrechterhaltung ihrer Herrschaft über die osteuropäischen Satelliten, und Westeuropa ist (noch) nicht ein weltpolitisches Vakuum wie der Mittlere Osten nach dem Zusammenbruch der iranischen Monarchie – übrigens ein Zustand, der das sowjetische Vorgehen in Afghanistan erklären mag, das trotzdem ohne Zweifel teilweise auf einem falschen Kalkül fußt. Allerdings täte der Westen, täte die freie Welt gut daran, nie zu vergessen, daß Ideologien – religiöse wie laizistische –, die zu wissen vorgeben, wohin die Geschichte zielt (oder wer den Verlauf der Geschichte bestimmt), sich nicht beliebig ändern können. Erinnern wir uns stets daran, daß zwischen dem ersten öffentlichen Auftreten des Vietminh in Nordvietnam 1945 und dem Fall von Saigon 1975 dreißig Jahre verstrichen sind, ein dreißigjähriger Krieg, den die Kommunisten gewonnen haben, unter anderem, weil er für sie über seine verschiedenen Etappen hin, im französischen Krieg wie im amerikanischen, stets der gleiche geblieben ist. Gäbe es aber ein solches Vakuum in Europa – zum Beispiel, wenn sich die Bestrebungen durchsetzen würden, die das Abziehen der Amerikaner vom europäischen Festland fordern –, so würde man schnell erleben, wie die sowjetischen Bemühungen um Einbeziehung nicht nur Schwedens, Jugoslawiens und Österreichs, sondern auch und wohl in erster Linie um Einbeziehung des westlichen Deutschlands in den östlichen imperialen Herrschaftsbereich sich verstärken würden, und das mit rasantem Erfolg. Selbst die Schweiz, Schweden und Jugoslawien aber machen ernsthafte Anstrengungen auf militärischer Ebene (in Österreich liegen die Dinge anders). Ihre bewaffnete Neutralität lassen sie sich viel kosten. Die meisten Pazifisten und Neutralisten träumen indes von »gewaltfreiem Widerstand«!

*

Frankreich und die Bundesrepublik sind sehr viel größere und mächtigere Staaten als die, von denen soeben die Rede war. Jede Änderung ihres Status geht die ganze Welt an. Wenn die Bundesrepublik aus der NATO ausscheiden würde, wenn Frankreich die Teilkoordination seiner Strategie mit der NATO aufgäbe, würden diese Schritte sofort die politisch-militärische Gleichgewichtslage in der Welt beeinträchtigen. Wir sind zu groß, zu zahlreich, zu reich, zu mächtig, um nur nach unserem eigenen Wünschen und Wollen handeln zu können: Wir sind für alle anderen Staaten der freien Welt mitverantwortlich. Sogar die Vereinigten Staaten hängen in einem nicht unbedeutenden Maße von uns ab, und selbst die Freiheit ersehnenden Völker Osteuropas müßten fast alle Hoffnung fahrenlassen, wenn wir durch Selbstneutralisierung jene Macht verstärken würden, unter deren Joch sie seufzen. Um aber wirklich unabhängig sein zu können, sind unsere Nationalstaaten wiederum zu klein, zu schwach und zu anfällig gegenüber plötzlich, lawinengleich anschwellenden politischen Gefühlsbewegungen. Die Zugehörigkeit zu größeren Einheiten mediatisiert auch derartige gesellschaftliche Gefühlsanfälle. Im Süden der Vereinigten Staaten hätte lange Zeit, und vielleicht gar heute, der Ku-Klux-Klan regiert, wenn nicht die große Mehrheit der Bürger der anderen Staaten den Einfluß der Rassisten – der noch immer zu groß ist – durch die bedeutenden Kompetenzen der Union und ihrer föderalen Institutionen hätte in Schranken halten können. Und umgekehrt haben nur die föderale Kompetenz des Obersten Gerichtshofs und die des Kongresses die Rassenintegration in den Südstaaten bis zu dem heute erreichten Punkt (aber noch immer nicht genügend, das heißt total) vorangebracht. Je größer die föderale, politische Einheit, um so schwieriger wird es für neue, radikale Bewegungen, sich durchzusetzen.

*Wir können nicht aus der Geschichte aussteigen*

Staaten wie die Bundesrepublik und Frankreich können nicht Aussteiger spielen. Sie können sich nicht in ein Abseits stellen, aus dem sie die Geschichte sofort wieder hervorholen würde. Aber (um zunächst bei dem Komplex der Verteidigung zu bleiben) sie sind einzeln auch wiederum nicht groß, bevölkert, ausgedehnt und reich genug, um sich alle Attribute der Macht und alle Instrumente der Verteidigung so leisten zu können, wie die ganz Großen. Frankreich kann sich nicht die gesamte Skala der taktischen und strategischen Atomwaffen leisten, sondern nur einige Waffengattungen; es muß darum auf die neuen, hochkomplizierten, klassischen Waffensysteme größtenteils verzichten. Frankreichs Schlagkraft beruht auf jeweils drei! mit Atomwaffen reich ausgestatteten Unterseebooten, die einsatzfähig im Meer kreuzen; schon fünf davon, wie eigentlich beabsichtigt, kommen schlicht zu teuer; die Konstruktion eines nächsten U-Bootes mußte mangels der budgetären Mittel um drei Jahre verzögert werden, desgleichen der Bau des ersten atomar betriebenen Flugzeugträgers. Im Jahre 1985 hat Frankreichs Luftwaffe weniger Flugzeuge als die dreimal geringer bevölkerte Tschechoslowakei (hoffen wir, daß unsere Piloten und Maschinen etwas besser sind). Ähnliche Schwierigkeiten kennt die Verteidigungspolitik der Bundesrepublik. Wenn keine arbeitsteilige Integration erfolgt, können sich die Europäer für dasselbe Geld weniger Sicherheit kaufen als die Amerikaner. Die europäischen Luftflotten brauchen wahrscheinlich sowohl das Flugzeug, das nun von Deutschen, Briten, Italienern und Spaniern entwickelt und gebaut werden soll, wie jenes, das Frankreich nun allein herstellen wird. Wenn beide Typen gemeinsam erdacht und fabriziert, gekauft und exportiert würden, könnte sich Westeuropa dies ebenso leisten wie die Vereinigten Staaten den gleichzeitigen Bau mehrerer Flugzeugtypen. Getrennt durchgeführt – und nach außen hin in Konkurrenz stehend! –, werden beide Projekte auf große Schwierigkeiten stoßen. Wenn es zwischen der Bundesrepublik und Frankreich kein öffentlich bekanntgegebenes Abkommen über den sofortigen Einsatz der französischen Truppen und Waffen im Fall eines Angriffs auf die Bundesrepublik gibt – und natürlich müßten die Einsatzbedingungen der verschiedenen taktischen und strategischen Nuklearwaffen in diesem Abkommen fixiert sein – und wenn die Europäer, zumindest aber die Bundesrepublik Deutschland und Frankreich, sich nicht, in Absprache mit den NATO-Partnern, auf ein gemeinsames, arbeitsteiliges Programm zur Entwicklung neuer, hochentwickelter konventioneller Waffensysteme einigen, dann wird es den Wortführern des atlantischen Bündnisses und der europäischen Einigung in der Bundesrepublik wie auch in anderen Staaten immer schwerer werden, ihre Positionen gegenüber neutralistischen, pazifistischen oder sogar neonationalistischen Argumenten zu behaupten.

*

Unabhängigkeit, Freiheit, Selbständigkeit der Völker sind nicht nur von Feinden bedroht; auch Freunde, Verbündete können oder müssen einem Volk unter gewissen Umständen den Besitz dieser Werte bestreiten. Den Sowjets gegenüber – die zehn Unterseeboote bauen, wenn Frankreich eines herstellt – können wir sie nicht getrennt verteidigen, jeder auf sich selbst gestellt. Dem großen nordamerikanischen Verbündeten gegenüber können wir sie nicht getrennt behaupten. Die Bedrohung ist auf keine Weise symmetrisch: Die Vereinigten Staaten sind keine totalitäre imperialistische Diktatur. Doch auch eine demokratische Weltmacht kann den Teilinteressen eines kleineren Partners, die sich nicht mit den ihren decken, nur sehr beschränkt Rechnung tragen. Auch unter Verbündeten sind Gewicht, politischer Druck und Macht Tatsachen, über die man nicht hinwegsehen soll. Als Léon Blum, der berühmte und hochangesehene Staatsmann, 1946 nach Washington ging, um Amerikas wirtschaftliche Hilfe zu erbitten, mußte er dafür mit der Öffnung des französischen Marktes für den amerikanischen Film bezahlen. Ein Jahr später forderte Amerika von der Bundesrepublik den deutschen Verteidigungsbeitrag; der erste Bundeskanzler war dieser Forderung allerdings bereits zuvorgekommen. Solcherlei Feststellungen enthalten nicht unbedingt negative Kritik. Sie stellen nur unter Beweis, daß Allianzen permanente Verhandlung sind, und das bedeutet wiederum, daß bei Verhandlungen die Stärke der Positionen der Teilnehmer eine große Rolle spielt (natürlich ebenso das Geschick der Verhandlungsführer). Es ist nicht das gleiche, ob Frankreich und die Bundesrepublik einzeln und separat oder ob sie einstimmig mit den verbündeten Amerikanern verhandeln – ob es diese mit den Vertretern von 54 Millionen Menschen oder von 115 zu tun haben (Frankreich und die Bundesrepublik zusammen) oder gar von 330 Millionen (die Gemeinschaft der Zwölf). Die Verhandlungen, die die Europakommission im Namen der Mitgliedstaaten führt (etwa die GATT-Verhandlungen), erzielen oft eindrucksvolle Erfolge. Es ist wohl auch unbestritten, daß die europäischen Partner der Vereinigten Staaten in einem Augenblick, da Amerika ohne vorherige Absprache mit den Verbündeten eine für die ganze demokratische Welt äußerst wichtige Entscheidung trifft – nämlich die Verwirklichung des »strategischen Verteidigungssystems«, des *star war*, in die Wege zu leiten –, gut daran getan hätten, gemeinsam zu reagieren. Das Schauspiel der nationalen Einzelantworten – zaudernd, zögernd, ja und nein kombinierend, abwartend, fragend, Bedingungen stellend –, diese Tragikkomödie ist nicht dazu angetan, die Amerikaner davon zu überzeugen, daß sie die Europäer in Zukunft besser, respektvoller, als Gleichgestellte behandeln sollten. Vernünftiger wären Konzessionen unter den europäischen Partnern, damit doch noch eine gemeinsame und, wenn möglich, von *einem* Wortführer vertretene Position zustande kommt, als rechthaberisches Festhalten an einem Nationalinteresse, so wichtig der Punkt auch sein mag! In der Welt von heute – und morgen noch mehr – wird, gleich nach dem Widerstandswillen gegen den sowjetischen Imperialismus, nichts lebenswichtiger sein, als gemeinsam Haltungen gegenüber der westlichen Vormacht und natürlich gerade auch in den Beziehungen der Allianzpartner zum potentiellen Gegner zu erreichen. Das SDI-Beispiel zeigt sehr schön, wie Frankreichs isoliertes Nein auf der staatlichen Ebene (denn gleich darunter, auf der Ebene der Großfirmen, der verstaatlichten wie der privaten, gibt es kein prinzipielles Veto) es den Vereinigten Staaten erlaubt, den interessierten europäischen Regierungen nur ein beschränktes Entgegenkommen zu erweisen (wozu allerdings die Meinungsverschiedenheiten innerhalb der deutschen Regierung, und besonders die reservierte Position des Bundesaußenministers, das Ihrige beigetragen haben). Bei der ungemein komplexen Struktur des Projekts, seinen zeitlichen und sachlichen Obskuritäten wäre nun gerade das *Wie*, das heißt in diesem Zusammenhang das gemeinsame Vorgehen der europäischen Verbündeten – oder zumindest Frankreichs und der Bundesrepublik (die bestimmt nicht lange allein geblieben wären) –, weit wichtiger gewesen als das *Was*, der konkrete Inhalt der europäischen oder der deutsch-französischen Antwort. Zusammen hätten die Europäer mehr Geld, mehr Information, mehr Wissen und mehr Mitentscheidungsrechte erhalten können, als jetzt, da jeder Staat getrennt in

Washington verhandelt, wobei in vielen europäischen Staaten die Unternehmen ihre Verhandlungen mit öffentlichen und privaten amerikanischen Partnern ganz auf eigene Faust betreiben können.

Sehr Ähnliches könnte über Verhandlungen mit dem potentiellen Gegner, der Sowjetunion, gesagt werden. Ohne sich je durch einen Mißerfolg entmutigen zu lassen (sie handeln ja stets »in der Logik der Geschichte«, zu der sie den Schlüssel besitzen – so steht es kurz und deutlich im Wortlaut der Breschnjewschen Verfassung der Sowjetunion), verfolgen die Sowjets das Ziel, die Westeuropäer auseinanderzudividieren – und sie einzeln, wenn nicht insgesamt, von Amerika zu trennen. In Paris das antideutsche Mißtrauen am Leben erhalten ist eine der Hauptaufgaben der in Frankreich tätigen sowjetischen Diplomaten. In Bonn wie in Paris wird den Mitgliedern der politischen Szene mit Fleiß und detailliert über jede Démarche des Verbündeten in Moskau berichtet. So kommt es zu dem berüchtigten, Giscard d'Estaing zugeschriebenen Wort: »Wenn Helmut Schmidt nach Moskau reisen will, werde ich vor ihm dort sein.« Der Wettlauf um die Gunst Moskaus sollte ein Alptraum jedes deutschen und jedes französischen Staatsmannes sein! Wie weit wären wir hingegen, wenn es in Moskau nur *eine* Botschaft gäbe, die alle Mitgliedstaaten der europäischen Union gemeinsam verträte. Aber gerade dieses Symbol impliziert die Aufhebung der Nationalstaaten. Wieviel billiger wäre das sowjetische Erdgas gekommen, wenn die Verhandlung von *einem* Sprecher der westeuropäischen Abnehmerstaaten geführt worden wäre, und um wieviel eindrucksvoller hätten die Sanktionen gegen die sowjetische Afghanistanpolitik gewirkt, wenn auch die Franzosen den Moskauer Olympischen Spielen ferngeblieben wären? Die Beispiele ließen sich beliebig vermehren.

Das alles mag richtig sein. Aber wenn es bisher so gegangen ist, warum soll das Verhältnis zwischen den europäischen Demokratien und der Sowjetunion nicht so weiterlaufen? Warum stellt uns die nähere Zukunft hier vor Alternativen, von denen wir bisher nicht geglaubt haben, wir müßten uns ihnen stellen? Und würde nicht eine gemeinsam erarbeitete und zentral ausgeführte Verteidigungs- und Außenpolitik einen ungeheuren bürokratischen Leerlauf hervorbringen?

### *Sowohl Eureka wie auch SDI*

Die Kosten der neuen Waffensysteme, deren Existenz für den Beginn des nächsten Jahrhunderts als sicher angesehen werden kann – selbstverständlich vorausgesetzt, es ist bis dahin zu keinem größeren Krieg mit Einsatz von Nuklearwaffen gekommen, aber diese Voraussetzung gilt für die Gesamtheit unserer Überlegungen, und einen solchen großen Atomkrieg halten *wir* für sehr unwahrscheinlich –, sind ein erster und bereits entscheidender Grund dafür, daß die mittelgroßen westeuropäischen Nationalstaaten als einzelne nicht in der Lage sein werden, derartige Systeme herzustellen. Selbst die Vereinigten Staaten finden bereits heute, daß für die Entwicklung des SDI die Zusammenarbeit mit bedeutenden europäischen Firmen für sie von positivem Interesse sein könnte. Und so unvollständig und nebelhaft das Konzept »Eureka« immer sein mag (auch das SDI ist ja weder klar noch komplett und könnte es nicht sein, weil der Inhalt des Systems und seine Zusammensetzung sich den Ergebnissen der wissenschaftlich-technologisch-industriellen Entwicklung laufend anpassen müssen) – in seiner Antwort auf die amerikanische Initiative hat Präsident Mitterrand eine Zusammenarbeit von achtzehn europäischen Staaten in die Wege geleitet, die entweder eine transnationale Organisation und Führung (und das bedeutet letzten Endes doch irgendeine Form der abhorrierten Übernationalität) haben oder im Projektstadium steckenbleiben wird. Frankreich und die Bundesrepublik haben weder die finanziellen noch die technologischen Mittel und auch nicht die nötige

»man power« an Wissenschaftlern, Ingenieuren, mittleren Technikern, um derartige Systeme je für sich allein zu errichten. Nicht einmal zu zweit könnten wir das. Es fehlt uns auch an schierer geographischer Ausdehnung, an den riesigen de facto menschenleeren Gebieten, in denen die Laboratorien, Fabriken und Versuchsstationen untergebracht werden können, wie ja überhaupt die geographische Weite heute zu den wesentlichen Dimensionen der politisch-militärischen Großmacht gehört. Wenn die westeuropäischen (National-)Staaten sich nicht zusammentun, wenn sie nicht in Arbeitsteilung mit oder in Konkurrenz zu Amerika – je nach dem Objekt – in derselben Größenordnung Wissenschafts-, Technologie-, Industrie- und Verteidigungspolitik betreiben wie die anderen Großmächte, so werden sie sehr schnell, noch mehr als heute schon, von Fremdentscheidungen abhängig werden. Selbst wenn es sich um die Entscheidungen einer demokratischen und verbündeten Vormacht handelt, kann eine derartige äußere Abhängigkeit, wenn die Partner nicht ungefähr gleichgewichtig sind, auf die Dauer auch innere demokratische Freiheiten in Frage stellen.

*

Die Welt des kommenden Jahrhunderts (wenn es sie überhaupt gibt – aber dies ist unsere Grundvoraussetzung) wird nicht nur zwei Großmächte kennen wie die heutige. In verschiedenen Größenordnungen werden Japan, China, Indien, das arabisch sprechende Nordafrika sowie südamerikanische Großstaaten wie Brasilien und Mexiko (als Sammlungspol für ganz Mittelamerika, das kontinentale wie das insulare) Weltmachtrollen spielen. Zu einer solchen Rolle gehören ein zu Spitzenleistungen wie zur Massenproduktion fähiger wissenschaftlich-technologisch-industrieller Komplex, eine auf diesen gestützte einsatzbereite Militärmacht, eine bedeutende und nicht rückläufige Einwohnerzahl (nicht unter 250–300 Millionen Menschen), die entsprechende geographische Ausdehnung sowie ein von der großen Mehrheit anerkanntes und für verteidigungswürdig gehaltenes existentielles Wertsystem. Nur ein Europa, das unter dem Gesichtspunkt dieses Merkmalsbündels eine geschlossene Einheit bildet, wird den Anspruch auf eine Weltmachtrolle vorbringen können. Wenn ein Staat aber keine Großmacht ist (und das bedeutet heute Weltmacht), dann lebt er entweder im Schutzschatten einer solchen, mit den oben erwähnten Folgen für seine äußere und innere Unabhängigkeit, oder er erwirbt sich mit einer Schaukelpolitik zwischen den Großmächten einen gewissen Freiraum. Eine solche Politik hat de Gaulle durchzuführen versucht, und als Wunschziel lebt sie auch heute noch im Geist und im Fühlen vieler französischer Verantwortlicher weiter. Sie hat zur Bedingung, daß für den Staat, der auf diese Weise seine Unabhängigkeit zu bewahren sucht, alle die Großmächte, zwischen denen er schaukelt, irgendwie bündnisfähig sind. Gerade das ist für eine westeuropäische Demokratie, was die Sowjetunion betrifft, völlig ausgeschlossen. Ohne die Rückendeckung der amerikanischen Allianz sind Bindungen an die Sowjetunion, wegen deren totalitär-imperialistischer Natur und ihres unverzichtbaren Anspruchs auf Ausdehnung des kommunistischen Systems auf die ganze Welt, für kleinere und mittlere Staaten viel zu gefährlich. Die Zugehörigkeit zur atlantischen Allianz, mißbraucht als Rückversicherung für eine Politik der *détente – entente – collaboration* gegenüber der Sowjetunion, ist aber ebenfalls nur begrenzt und nicht auf Dauer praktizierbar, weil Amerika nicht bereit ist, auf Kosten seiner eigenen Sicherheit europäischen Staaten die Möglichkeit zu solcher Schaukelpolitik zu geben. Aus der von de Gaulle und seinen Nachfolgern (mit Ausnahme von Mitterrand) gewünschten Verbindung mit der Sowjetunion ist wenig herausgekommen; ganz im Gegenteil: Die Bindung an die NATO mußte wieder verstärkt werden. Unter den politisch und militärisch Verantwortlichen würde heute niemand mehr, wie 1965 der Generalstabschef Ailleret, von einer *défense tous azimuths*, von einer Verteidigung nach allen Himmelsrichtungen, sprechen.

Friedrich II. von Preußen konnte zwischen Frankreich und England pendeln; Preußen war zwar kleiner und schwächer als die anderen Großmächte, aber eine geniale Führung und ein hervorragend gedrilltes Heer vermochten diese Nachteile wettzumachen. Die heutige Lage bietet nichts dergleichen. Hier kommt ein Tag, an dem es nur noch zwei Möglichkeiten geben wird: Unterwerfung unter eine der Großmächte oder das Sich-zusammen-Fügen mit benachbarten Klein- und Mittelstaaten, um mit diesen eine neue Großmacht zu bilden.

### *Gegen die Äquidistanz*

Wie de Gaulle nach 1960, so möchten sich heute politisch-moralische Kräfte in der Bundesrepublik dieser Alternative entziehen. Auch sie können die Wirklichkeit nicht durch ein *wishful thinking,* durch ein Palmströmdenken (weil an der Wirklichkeit nicht sein kann, was, nach ihrer Meinung, nicht sein darf), umformen, daß sie ihren Wünschen und Absichten entspricht. Aus pazifistischen, ökologischen und antiimperialistischen Motiven entdekken Teile der deutschen Öffentlichkeit die nationale Dimension aufs neue. Sie, die so wenig wie möglich Staat wollen, finden einen Weg, der zum Nationalstaat führt, und stoßen dabei auf das Problem der zwei (oder drei) Staaten deutscher Nation. Wie die Gaullisten in Frankreich (womit nicht die Partei gemeint sein soll, die noch heute de Gaulles Erbe zu vertreten behauptet, also das *Rassemblement du Peuple Français* von Jacques Chirac, sondern eine in allen Parteien vertretene nationalstaatliche Haltung; einer ihrer ausgesprochensten Vertreter ist gerade der sozialistische Erziehungsminister J. P. Chevènement), so stehen die neuen deutschen Wortführer der relativen oder gar absoluten nationalen Unabhängigkeit vor einer Reihe von Widersprüchen. Sie wollen die Unabhängigkeit, lehnen aber die militärischen Mittel der nationalen Unabhängigkeit und die Allianz, die sie garantiert, ab. Die Gaullisten, die nichts mit Ökologie im Sinne haben, investieren hingegen massiv für nationale Atomwaffen. Die deutschen »Unabhängigkeits«-Verkünder wollen entweder überhaupt aus der Allianz ausscheiden oder diese radikal umgestalten. Um die Bundesrepublik allein zu verteidigen, fehlt es an allem: Geld, Waffen, Raum. Also müssen sie, um glaubhaft zu bleiben, entweder großspurig auf Verteidigung verzichten – daher die immer wieder auftauchenden Behauptungen von der Möglichkeit passiver Verteidigungsweisen –, oder sie müssen die Realität der sowjetischen Bedrohung abstreiten – und daher die Thesen, die Sowjetunion sei ein nur auf Defensive ausgerichteter, sich eingekreist fühlender Staat, und so lassen sie dann sogar die Invasion Afghanistans als einen Akt der Verteidigung gelten und wiederholen damit die offizielle sowjetische These. Eine Untervariante zu der soeben erwähnten Vorstellung ist dann die Äquidistanztheorie: Die Vereinigten Staaten wie die Sowjetunion seien gleicherweise imperialistisch, also müsse sich die Bundesrepublik aus beiden Blöcken heraushalten. Daher als dritter und letzter Weg ein Sich-zusammen-Tun der Europäer, die gemeinsam die Politik der Äquidistanzierung, des Sich-frei-Haltens von den Blöcken, der freien Neutralität gegenüber den Blöcken, durchstehen könnten, die jeder der europäischen Staaten allein nicht zu leisten vermöchte.

Das sind Vorstellungen, die denen sehr ähnlich sind, welche de Gaulle 1962 in den deutsch-französischen Vertrag hineinpacken wollte und denen sich gerade die Sozialdemokraten damals aktiv widersetzten. Es fehlt ihnen allerdings der Schlußstein: die nationalen oder die europäischen Atomwaffen. Die deutschen »Independenzler« treten bekanntlich mit ihrem Ziel zugleich für die atomare Entwaffnung Europas ein, und wenn nicht des ganzen Europa, so zumindest der zwei deutschen Staaten. Ohne eigene oder alliierte Atomwaffen aber ist Neutralität heute eine unbewaffnete Neutralität. Selbst die Schweizer Milizen haben nur Sinn unter dem Atomschirm der Vereinigten Staaten. Die deutschen Neueuropäer wollen weden die Natur der Sowjetmacht zur Kenntnis nehmen noch die Hauptverschiedenheit zwischen den verbündeten Vereinigten Staaten und der feindlichen Sowjetunion: Die Vereinigten Staaten von Amerika sind trotz aller erkennbaren Unvollkommenheiten eine demokratische Republik, während die Führer der Sowjetunion eine totalitäre Diktatur ausüben. Das kann man an ihrer Stelle natürlich für einen zweit- oder drittrangigen Umstand halten, weil der Unterschied zwischen einer »formellen« Demokratie und einer Diktatur belanglos wäre, oder man kann meinen, daß ein Entgegenkommen und Wohlverhalten von seiten der Europäer die Sowjetunion weniger totalitär machen würde – wobei man schon wieder auf die Idee stößt, der Totalitarismus wäre der stets in der Defensive stehenden Sowjetunion sozusagen als Verteidigungsinstrument aufgezwungen und sei nicht in erster Linie das Instrumentar, dessen die Machthaber zur Sicherung und Festigung ihrer Herrschaft über das eigene und die anderen unterworfenen Völker nötig bedürfen, innerhalb ihres schon oben dargestellten Weltbildes nämlich, das ihnen den einzig »korrekten« Zugang zum Verständnis des Laufes der Geschichte bietet. Und da kann man auch meinen, daß in der komplexen Welt von heute und in der noch komplexeren Welt von morgen die Sowjetunion Interesse an einem nach außen wie nach innen unabhängigen Europa habe und dafür einiges zu zahlen bereit wäre, besonders in der deutschen Frage. Ohne bis zur Neutralisierung Westeuropas zu gehen, können solche Gedankengänge vielleicht den Vorstellungen von Hans-Dietrich Genscher begegnen, ebenso denen mancher französischer »Gaullisten«, die sich keine Illusionen über die Sowjets machen, wohl aber über die zukünftige Stärke der gemeinsamen europäischen Position, wenn und wann es eine solche gäbe. Und Illusionen gibt es bei den erwähnten »Gaullisten« und manchen ihrer deutschen Genossen von rechts und links vor allem in bezug auf die »Ideologie«, auf die schon mehrmals angesprochene Rolle des Besitzes der »wahren Wissenschaft von der

Geschichte«. Gaullisten, weil sie national denken, sehen gerne hinter der Sowjetunion das ewige Rußland (und hinter der DDR *la Prusse et la Saxe,* wie de Gaulle einmal sagte). Das »ewige Rußland« ist ein imperialistischer Großstaat, mit dem Verhandlungen auf der Grundlage der bestehenden Machtpositionen möglich sind, wie Bismarck 1878 auf dem Berliner Kongreß bewies. Ein solcher imperialer Großstaat bleibt bis zu einem gewissen Grad der Selbstbescheidung fähig, weil er Realitäten anerkennt und weiß, daß Weltherrschaft unmöglich ist. Auch die Sowjetunion erkennt Realitäten an, aber nur als vergängliche Etappen auf dem Wege zum »Ende der Geschichte«. Mit der Sowjetunion kann auf bestehender Machtbasis verhandelt werden, das haben Hitler–Ribbentrop 1939 und ebenso die Angelsachsen in Jalta und Potsdam bewiesen, aber jeder Vertrag ist nur ein Waffenstillstand und jeder Verzicht von seiten der Sowjetunion provisorisch. Voraussetzung ist die Macht: Ein geeintes Europa muß so viel militärisch-technologisch-wissenschaftlich-materielle Macht besitzen, daß die Sowjets zu Verhandlungen gezwungen sind, die zur Aufgabe von Positionen führen können, die sie heute besitzen, obgleich ihr System ihnen dabei keinen großen Spielraum läßt. Kein westeuropäischer Nationalstaat hat dazu aber allein genügend Macht, und auch die europäische Union würde sie nur innerhalb des atlantischen Bündnisses haben, was wiederum den Spielraum für Verhandlungen mit der Gegenseite einschränken müßte, allerdings in geringerem Maße, als das heute der Fall ist, wo die europäischen Staaten sowohl dem amerikanischen Verbündeten wie der Sowjetunion gegenüber getrennt operieren.

Indem man von einer anderen Logik spricht, mit der man aus der Logik der Machtstaaten aussteigen will, begibt man sich in die Gefilde der Unlogik, in denen Tatsachen einfach geleugnet werden. Ein bündnisfreies Europa wäre unlogisch; es gäbe nur Sinn, wenn zwischen der Ostgrenze Finnlands, Polens, der Tschechoslowakei und Rumänien einerseits und der Westgrenze der Sowjetunion andererseits sich ein Weltmeer von 6000 km

Breite auftun würde, wenn nach einem Rückzug der amerikanischen und der sowjetischen Truppen aus Europa eine Rückkehr der einen wie der anderen denselben Umständen unterworfen wäre. Aus diesem Grunde braucht auch ein geeintes Europa das Bündnis und die Stationierung amerikanischer Truppen mit amerikanischen Atomwaffen (und/oder anderen, moderneren Waffensystemen). Was sich nach einer Einigung Westeuropas – und nur dann – ändern könnte, wären die Entscheidungsprozesse im Bündnis. Dann gäbe es zwei vergleichbare Partner und einen dritten: Kanada, bedeutend kleiner und schwächer in bezug auf Bevölkerung, Wirtschaft und so weiter, aber mit einer ungeheuren geographischen, geologischen und damit geopolitischen Territorialreserve; und Washington müßte die einander zumeist stützenden Europäer und Kanadier sehr viel mehr respektieren. Doch bei der Nachbarlage der Sowjetunion zu Europa bleibt das atlantische Bündnis geradezu Voraussetzung für das geeinte unabhängige Europa, jedenfalls so lange, wie das System der beiden Großmächte besteht. Wenn einmal China, Brasilien, Japan und andere auf eine vergleichbare Stufe aufgestiegen sind, dann kann das neue Weltsystem dem europäischen des 18. Jahrhunderts (und des 19. zwischen 1815 und 1914) vergleichbar werden, und neue Allianzkombinationen würden vielleicht möglich.

## *Europa als Weltmacht*

In diesem Zusammenhang eine Randbemerkung zu Japan, die manche europäische Aspekte beleuchten kann: Japan ist in noch stärkerem Maß von den Vereinigten Staaten abhängig als Europa, weil es sowohl der bestehenden Großmacht Sowjetunion wie der kommenden Großmacht China direkt und nahe vorgelagert ist. Selbst wenn es über größere Streitkräfte verfügte, wäre es ohne eigene oder amerikanische Atomwaffen kaum zu verteidigen.

Mit seiner gewaltigen Wirtschaftsmacht auf kleinstem Raume zusammengedrängt, kann Japan in der geopolitischen Aufteilung des 21. Jahrhunderts wohl kaum eine unabhängige Einzelrolle spielen – und darum kann man sich die Weltallianz als einen atlantischen Dreibund – Vereinigte Staaten, Kanada, Europa – mit einem vierten – japanischen – Partner in Sonderstellung ausdenken. Für den Nationalstaat Japan wäre ein Aufgehen im chinesischen Großreich ohne Zweifel lebensgefährlicher als ein Schutzbündnis mit der entfernten atlantischen Allianz, was privilegierte Wirtschafts-, Handelsbeziehungen zu China nicht ausschließt. Ein Bündnis mit der Sowjetunion – ganz abgesehen von deren expansionistisch-imperialistischer Natur –, wäre für China eine Provokation. Durch die Allianz mit Japan wird das atlantische zu einem atlantisch-pazifischen Bündnis, worin Europa dank der französischen und der britischen Stützpunkte oder De-facto-Protektorate nicht nur unter »ferner liefen« fungieren wird. Die dortigen größeren, aber im Weltmaß eher bescheidenen Anrainer – Australien und Neuseeland –, besonders das erstere, könnten mit Kanada verglichen werden.

Der Exkurs zur Stellung Japans steht hier aus zwei Hauptgründen. Zunächst wegen der bekannten Sympathie, die viele Bundesbürger in pazifistisch-antiatomarer Gestimmtheit für »Greenpeace« empfinden und wegen der weitverbreiteten Kritik an den französischen Atomversuchen im Pazifik sowie an den französischen Bemühungen zum Einbehalten der verbliebenen pazifischen Territorien Neukaledonien und Polynesien im französischen Staatsverband. Es ist von großer Bedeutung für eine gemeinsame europäische Verteidigungspolitik, daß die französische Atomwaffe weiterentwickelt wird. Ihre Einbeziehung in die gemeinsame europäische Verteidigung könnte zum Beispiel nach dem Modell der Beziehung zwischen der amerikanischen nationalen Atomwaffe und der NATO gelöst werden. Schon aus finanziellen, aber auch aus politischen, strategischen und vielen anderen Gründen muß der Versuchsort Mururoa für absehbare

Zeit bewahrt und gesichert bleiben. Auch die für Europa unabdingbare Neutronenwaffe kann – in Unabhängigkeit von den Vereinigten Staaten – heute nur auf den französischen Stationen im Pazifik fortentwickelt werden. Ohne Neutronenbombe (und ohne die ähnlich weiterentwickelten »klassischen« Waffensysteme) wäre ein erfolgreicher Widerstand gegen einen sowjetischen Angriff in Europa sehr schwierig. Europa braucht den Pazifik aus Verteidigungsgründen und, im gleichen Zusammenhang, aus politischen Gründen. Nicht nur, weil alle kleineren und kleinsten Staaten die protektive Garantie eines größeren brauchen und weil die Politik wie die Natur *hororrem vacui* zeigt, also die Leere verabscheut und sofort auffüllt. Amerikaner, Sowjets, Japaner – morgen Chinesen –, werden Frankreich und Großbritannien im Pazifik ersetzen, falls diese europäischen Staaten ihre dortigen Positionen aufgeben würden. Wir müssen sie halten, was nicht bedeutet, daß dies die Beibehaltung des gegenwärtigen Status als Teil der Republik Frankreich bedeutet. Über den dritten Vertrag von Lomé und ähnliche Bindungen hinaus, mit Flotten- und Flugzeugstützpunkten, mit Verteidigungs- und Ausbildungsabkommen läßt sich viel machen – und gegen ein politisches Abenteuer sind auch die T. O. M. (*Territoire d'Outre-Mer*, der gegenwärtige Status von Neukaledonien und Polynesien) nicht gefeit.

Was sodann die »Neueuropäer« in Deutschland (und gleichermaßen die vielen Traditionseuropäer im Stile der Europa-Union) nicht akzeptiert haben, das ist ebendiese Weltmachtrolle, die Europa im Pazifik, in Afrika, in Zentral- und Lateinamerika spielen muß. Wir schulden diesen Völkern politisch nichts. Der Kolonialismus des 19. Jahrhunderts war keine größere, aber auch keine kleine, »Sünde« als die Eroberung Nordafrikas und Persiens durch die Araber, die Eroberung des Mittelmeerraums durch die Römer, die Eroberung Syriens und des Sudans durch die Pharaonen des alten Ägypten. Keine staatliche Maßnahme, auch Entwicklungshilfe nicht, kann und darf politisch desinteressiert sein. Nur muß dieser politische Nutzen nicht unbedingt mit erhobenem Zeigefinger betont und angefordert werden. Der Nutzen kann und darf ja auch nicht einseitig nur dem »Geberland« zugute kommen. Auch politisch ist für alle Afrikaner, Südamerikaner und die Menschen im Pazifik, deren Länder für wirkliche Unabhängigkeit zu klein sind und die auch zusammen mit einigen Nachbarn keine Großmacht bilden können, eine gewisse Abhängigkeit von Europa besser als die Abhängigkeit von unmittelbar angrenzenden Großmächten. Abhängigkeit hat ja zudem viele verschiedene Sinngehalte. Auch die Vereinigten Staaten und die Sowjetunion sind heute in mancher Hinsicht voneinander abhängig. Viele deutsche Grüne und Sozialdemokraten, die heute für eine europäische Unabhängigkeit (vor allem gegenüber den Amerikanern) eintreten, werden nicht wahrhaben wollen, daß ihr Europa ebenso auf eine europäische Weltmachtpolitik hinausläuft, und damit auf etwas ganz anderes als sentimentale Unterstützung für den marxistisch-extremistischen Flügel der Sandinisten in Nicaragua. Das europäische Interesse dort wäre gewesen, einerseits zum Sturz Somozas und damit zur Redimensionierung des Einflusses unserer amerikanischen Freunde beizutragen und andererseits den demokratischen, nichtmarxistischen Flügel der Sandinisten zu stützen. Grüne oder sozialdemokratische Sympathie für die Verbündeten Kubas und Moskaus ist ein Zeichen von politischer Geistesverwirrung, wenn nicht gar eines selbstmörderischen politischen Strebens. Dies ist keineswegs ein seltener Zustand, und derselben Sympathien linker Demokraten erfreuen sich Ortega und seine Leute in Frankreich bis in die höchstgestellten Familien hinein.

### *Sicherheit für Umwelt und Arbeitswelt*

Nach der äußeren die innere Sicherheit. Wie wollen unsere westeuropäischen Staaten der Arbeitslosigkeit Herr werden, die sich in allen größeren und mittleren Wirtschaftsländern fest eingenistet hat? Unter allen Folgen sind besonders die mittel- und langfristigen von Bedeutung. Wenn viele – besonders jüngere und ältere – Menschen jahrlang ohne feste Arbeit bleiben, ist die moralische und geistige Verwirrung unvermeidlich. Die Betroffenen schwanken zwischen Apathie und überreizter, aggressiver Reaktion. Die staatlichen sozialen Hilfeleistungen sinken ab, Armut breitet sich aus. Die Anfälligkeit für politischen Radikalismus wächst. Wenn aber auch nur in einem der Mitgliedsländer der schon bestehenden Europäischen Gemeinschaft solche Tendenzen Einfluß gewinnen, können negative Konsequenzen für seine Partnerländer nicht ausbleiben. Man male sich aus, was passiert wäre, wenn das ganz im nationalen Rahmen konzipierte Wirtschaftsprogramm der französischen Sozialisten – gewiß kein linksradikales im Sinne des Marxismus-Leninismus, aber doch höchst veränderungsträchtig und höchst verdächtig in den Augen eines Anhängers der sozialen Marktwirtschaft – nicht nach einem Jahr aufgegeben worden wäre; was geschehen würde, wenn in Frankreich 1986 eine von den Stimmen der faschistoiden Front national abhängige Regierung an die Macht käme oder in der Bundesrepublik 1987 ein Kabinett mit Beteiligung der Grünen. Das kann so sang- und klanglos verlaufen wie die kommunistische Regierungsbeteiligung in Frankreich zwischen 1981 und 1984, aber es kann auch zu Maßnahmen führen, die die Europäische Gemeinschaft sprengen. Eine nationalstaatliche Wirtschaftspolitik wiederum kann entweder, weil sie nämlich schnell chaotische Folgen zeitigen würde, zur völligen Unterwerfung unter amerikanische Wirtschaftskräfte führen oder aber zu einer zwangsautarken Staatswirtschaft, die ihrerseits mit Wahrscheinlichkeit in den Polizei- und Überwachungsstaat einmündet.

Innerhalb eines vereinten Wirtschaftsgebietes, wie es die Gemeinschaft zur Zeit schon ist, kann ein Phänomen wie die chronische, strukturelle Arbeitslosigkeit nicht in einzelstaatlicher Abgetrenntheit angegangen werden, denn Arbeitslosigkeit und Beschäftigung werden in die Partnerländer ansteckend exportiert, und dies um so mehr, wie die Einigung des Wirtschaftsgebiets fortschreitet. Da diese nicht rückgängig gemacht werden kann, ohne daß die Wirtschaft aller Partnerstaaten aus den Fugen gerät, bietet nur die Flucht nach vorn, nach mehr Öffnung, nach dem *marché unique* – dem großen Markt – und nach Vereinheitlichung der großen Entscheidungen in der Sozial- wie in der Wirtschaftspolitik einen Ausweg. Was eine gemeinsame Beschäftigungspolitik sein könnte, zeichnet sich in der Angleichung der Beschlüsse ab, die von der Regierung in Bonn wie von der in Paris getroffen wurden, obgleich beide gerade auf dem Gebiet der Wirtschafts- und Sozialpolitik theoretisch entgegengesetzte Meinungen vertraten. Die Bedingungen für Neueinstellungen und für Entlassungen werden vereinfacht, Ausbildung und Weiterbildung werden gefördert und ebenso der verfrühte Abgang in den Ruhestand sowie eine gemäßigte Verringerung der Arbeitszeit bei größerem Spielraum für individuelle und für wechselnde Arbeitszeiten. All dies schafft keine schnellen, radikalen Veränderungen; vielleicht lassen sich beide Regierungen doch noch zu viel Zeit. Käme es aber zu Ausbrüchen, so würden sich diese wohl ebensowenig in nationalen Grenzen halten wie die Bewegung von 1968.

Wenn indes eine sozialistische Regierung in Frankreich und eine konservativ-liberale in der Bundesrepublik im Grunde dieselbe Politik betreiben müssen, so beweist dies, daß sich der politische Spielraum bereits im gegenwärtigen unvollständigen Stadium der Einigung Europas auf die Felder links und rechts der Mitte beschränkt und daß keines der größeren Mitgliedsländer sich mehr leisten kann, in irgendwelche radikalen Experimente abzudriften. Natürlich sieht die Wirtschaftsgemeinschaft keine »Bundesexekution« vor wie die Bundesakte von 1815, aber de facto würden sich die Dinge so abspielen. Der Druck der Partnerländer hat bei der Änderung des wirtschaftspolitischen Kurses in Frankreich vom Sommer 1982 bis Frühjahr 1983 eine bedeutende Rolle gespielt. Eine Wiederherstellung der politischen

Autarkie ist praktisch nicht mehr möglich, oder nur unter Bedingungen von revolutionärer oder pseudorevolutionärer Natur.

Auch für Wirtschafts-, Technologie- und Industriepolitik sind gemeinsame Rahmenentscheidungen nötig. Die Investitionen in Forschung und Wissenschaft könnten in Europa ebenso hoch sein und ebenso stimulierend wirken wie in Amerika, wenn sich die gemeinsam erhobenen öffentlichen Gelder nach denselben Prinzipien auf alle Foschungszentren der Gemeinschaft verteilen würden, deren Arbeit für dieses oder jenes Lebensgebiet von Bedeutung ist, wobei die Ausführung der gemeinsamen Beschlüsse, die Anwendung der gemeinsamen Regeln dann wieder freizügig dezentralisiert werden sollte. Die Entscheidungen auf europäischer Ebene haben automatisch Veränderungen in den deutschen Bundesländern wie in den französischen Regionen zur Folge; sie schaffen neue Gefälle, Umverteilungen von Lasten und Gewinnen, die nicht einfach passiv hingenommen werden können. Das hierzu Nötige wurde bereits am Beispiel »Eureka« erläutert. Dasselbe gilt vom Umweltschutz. Der saure Regen kommt auch nach Frankreich, das Waldsterben breitet sich – wie die Tollwut – von Nordost nach Südwest über Frankreich aus. Die Schwierigkeiten, die notwendigen Entscheidungen im Wege stehen, werden von der Komödie um den Katalysator für bleifreies Benzin belegt (wie auf einem anderen Gebiet die Komödie um die Agrarpreise im Sommer 1985). Die Gemeinschaft bleibt stecken und vergiftet sich an ihren Auswegs-, Auspuffs-, Ausfluchtslosigkeiten, wenn die mehrheitliche Beschlußfassung nicht zur Regel wird, wie sie ursprünglich hätte sein sollen. Die Gemeinschaft braucht qualifizierte Mehrheitsbeschlüsse, die wiederum nicht so knapp ausfallen dürfen, daß sie moralisch wertlos sind. Mehrheitsbeschlüsse in wichtigen Dingen – aber das hatte de Gaulle klar erkannt – sind ein bedeutender Schritt auf dem Weg zum Bundesstaat. Wenn dieser Weg nicht eingeschlagen wird, ist die europäische Umwelt nicht zu retten. Sie wird im nationalen Eigennutz so sicher ersticken wie im industriellen Smog.

Wenn es keine demographische Trendwende gibt, sind die europäischen Nationen dabei, langsam, aber sicher auszusterben. An die Stelle unseres eigenen Nachwuchses holen wir Türken und arabisierte Berber aus Nordafrika, deren Fruchtbarkeit allerdings in der von uns geprägten sozialen und kulturellen Umwelt bereits in der zweiten Generation ebenfalls schnell abnimmt. Der Staat kann nur indirekt auf die Geburtenrate einwirken – durch Kindergeld und andere Sozialleistungen gewiß auch, aber vor allem, indem er dazu beiträgt, daß bei den Menschen nicht Ungewißheit, Furcht, Lebensangst und Atomtodpanik herrschen, sondern eine hoffnungsvolle und zukunftsfreudige Gesamthaltung. In unseren Gesellschaften gibt es einen hohen Grad an Daseinsbewußtheit: Kinder werden immer seltener achtlos produziert. Das Gefühl der Sicherheit gegenüber äußeren und inneren Bedrohungen, gegenüber der Atomkriegsgefahr und der Verwandlung Europas in einen Hauptkriegsschauplatz, gegenüber der totalitären Bedrohung der nationalen Existenz (man denke an die allmähliche Auflösung und Zerstörung von kleinen Völkern wie der Esten, Letten und Litauer im sowjetrussischen Imperium) und ebenso der persönlichen sowie politischen Freiheiten, und nicht zuletzt gegenüber der anstehenden permanenten Arbeitslosigkeit: solche Sicherheit kann nicht mehr im nationalstaatlichen Rahmen vermittelt werden, jedenfalls nicht längerfristig. Eine Umwelt, eine Welt, in der die Menschen in ihren Kindern und Enkeln gerne weiterleben möchten, kann nur das vereinte großflächige Europa gewähren, das im Rang einer Großmacht steht. Gewiß spielen in diesem zentralen existentiellen Problemkreis andere Kräfte bedeutende Rollen: Religion und Moral, aber auf diese Kräfte kann der moderne agnostizistische Staat wiederum nur indirekt einwirken, indem er für Kinder und Jugendliche Strukturen schafft, die ihrem Einfluß geöffnet sind (aber Moral und Religion verändern sich ihrerseits schnell mit der allgemeinen Entwicklung), ohne die Regeln des geistigen Pluralismus und der Toleranz zu verletzen. Das ist leichter gesagt als getan, angesichts der sehr verschiedenen geschichtlichen Wege, die das Verhältnis zwischen Staat und Religion in Frankreich, Deutschland, England, Italien und den anderen Ländern Europas eingeschlagen hat, angesichts von derart unterschiedlichen Traditionen und angesichts von rational unlösbar widersprüchlichen, aber auf Überzeugung fußenden Positionen, wie man sie aus den gegenwärtig in den Vereinigten Staaten wogenden Kämpfen um das Schulgebet und ähnliche Themen herauslesen kann. Der neutrale, weltanschauungsfreie und sogar laizistische Staat war keineswegs »wertfrei«, um das gräßliche Wort, es gebrauchend, gleichzeitig zu denunzieren. Es gab eine moralische Koine, die unter dem Streit der Konfessionen und der Philosophen die Regulierung des täglichen Lebens ermöglichte – der Familie, der Arbeit, der Großgemeinschaften, des Staats; und diese Koine nährte sich aus der privaten und öffentlichen Transmission der jüdisch-christlichen Religion und der antik-heidnischen Wertsysteme. Der Staat kann nicht funktionieren, wenn es eine solche moralische Koine nicht gibt, aber ihm wird heute das Recht abgesprochen, sie zu lehren. Wir fordern von den Lehrern und anderen Staatsdienern zugleich Neutralität und Engagement für die Werte, die die Verfassung oder das Grundgesetz formuliert. Dieses Problem besteht heute in allen Ländern unseres Kulturkreises. Es ist politisch-juristisch in Einklang zu bringen mit der Verwirklichung der Menschenrechte als positiven Rechts, ein Unternehmen, das zur Schaffung des Europäischen Gerichtshofes der Menschenrechte geführt hat. Die hier aufgeworfenen Probleme können, angesichts des Rechts auf Appell an diesen Gerichtshof und ebensowohl angesichts der sich verwirklichenden beruflichen Freizügigkeit in dem großen einheitlichen europäischen Markt, nicht mehr – auch sie nicht – im nationalen Rahmen auseinanderklaffende Lösungen erhalten.

Wir sprachen oben von der massiven Emigration aus Ländern, die zum mohammedanischen Kulturkreis gehören. Polen in Deutschland, Italiener, Spanier, Portugiesen in Frankreich haben sich im Laufe weniger Generationen sang- und klanglos assimiliert, wurden vom deutschen oder französischen *melting pot* aufgenommen. Als ihrer historischen Herkunft nach wirklich fremde Minderheit gab es in Europa bis Anfang des 19. Jahrhunderts nur die Juden; aber insgesamt klein an der Zahl, war ihre Mehrheit auf dem Wege, sich von ihrer völkischen und religiösen Originalität abzusetzen, als Hitler die Katastrophe entfesselte. Seither sind die Überlebenden (Frankreich hat heute mit etwas weniger als 1 Million die zahlreichste jüdische Bevölkerungsgruppe in Westeuropa) auf diesem Wege weitergeschritten – zwei Drittel der von Juden heute in Frankreich abgeschlossenen Ehen sind Mischehen –, während ein anderer Teil der Juden in Israel einen sehr stattlichen – und sehr staatlichen – Staat errichtet hat. Die Existenz des Staates Israel stellt jene Juden, die Juden bleiben wollen, vor das Problem eines doppelten Loyalismus, der zu Konflikten führen kann, zu Konflikten der Juden untereinander und zu Konflikten gegenüber der Umwelt. Aber die Juden sind eine kleine Menschengruppe, und Israel ist ein kleines Staatswesen, das nur unter dem Schutz der Vereinigten Staaten existieren kann. Selbst in Frankreich gibt es fast dreimal soviel Mohammedaner wie Juden, und für sie alle stellt sich die Frage der doppelten, ja vielleicht sogar dreifachen Loyalität: gegenüber dem Islam, gegenüber dem Herkunftsstaat, gegenüber dem Aufnahmeland. Araber, Berber, Türken sind in eine Religion gebettet, der die arabische Sprache noch enger zugehört als früher das Latein der katholischen Kirche. Jesus hat weder lateinisch gesprochen noch seine Jünger zum heiligen Krieg aufgerufen. Sprache, Religion und Nationalität haben im islamischen Raum (selbst dort, wo, wie in der Türkei, Nation und Alltagssprache nicht arabisch sind) eine ganz andere Bedeutung als bei den europäischen Völkern christlicher Herkunft. Die Integration von Familien aus der

Welt des Islam in unsere nachchristlichen Völker wird zumindest sehr viel länger dauern. Daß sie möglich ist, zeigt die Generation der *beurs* in Frankreich, die eine eigene Gruppe bilden möchten – weder Araber noch Franzosen, was eben doch für viele eine Etappe auf dem Wege, Franzose zu werden, bedeutet. Aber andere werden der Assimilierung Widerstand leisten und sich dabei vom Herkunftsland sowie von dessen politischen Kräften (etwa der »Grauen Wölfe« in der Türkei) und besonders von religiösen Bewegungen (Islam-Brüderschaft, Khomeini) rege unterstützt finden. Massive Minderheiten mit doppelter Loyalität oder sogar mit eindeutiger Zugehörigkeit zu einer fremden und vielleicht feindlichen Großmacht, das ist für unsere Länder eine neue Herausforderung. Man muß in diesem Zusammenhang an die erstaunliche demographische Akzeleration in der Türkei und in Nordafrika denken. Von Lybien bis Marokko (Ägypten beiseite lassend) wird die arabisch-berbische Menschengruppe noch vor dem Jahre 2025 mit 180 Millionen fast doppelt so zahlreich sein wie Franzosen und Bundesbürger zusammen. Man stelle sich weiter vor, daß sich dort ein einheitliches Staatswesen mit starken militärischen Kräften und im Besitz aller modernen Waffensysteme entwickelt – und diese neue Großmacht hat, wenn man Belgien mitrechnet, heute schon über 3 Millionen ihrer Volks- und Glaubensgenossen in einem Westeuropa ansässig, das demographisch im Absinken begriffen ist. Durch seine Dimensionen gewinnt dieses Einwandererproblem intereuropäische Maße. Die Aufhebung der Grenzkontrollen zwingt uns zu einer europäischen Einwanderungspolitik, auch wenn die Türken zunächst, wegen der Isolierung und der relativen Laizität ihres Landes, keine so drängende politische Frage aufwerfen wie die Nordafrikaner.

Noch ein anderer Grund macht die Europäisierung des Einwanderungsproblems unausweichlich: das Aufkommen von rassistischen Antieinwandererbewegungen von der Art der französischen *Front National* (Le Pen). Mit 11 % der gültigen Stimmen bei der Europawahl (und zwischen 20 und 25 % in gewissen Gegenden Südfrankreichs) kann man über die F. N. nicht mehr einfach hinwegsehen. Im nationalen Rahmen können solche Bewegungen sich weithin durchsetzen, auf europäischer Ebene dagegen würde dies angesichts der Verschiedenheit der Lage schwieriger. Die Kompetenz für die Einwanderungspolitik in ihren großen Linien muß daher auf die europäische Ebene übergeleitet werden.

### *Kein Veto gegen Freiheit und Demokratie*

Hinsichtlich der inneren Sicherheit erwarten alle Bürger vom Staat die Bekämpfung des Bandenunwesens und des Terrorismus, wobei die Grenzen zwischen diesen beiden Formen der gewaltanwendenden Gesetzesverletzung keineswegs klar und offen zutage liegen; Rauschgifthandel und politischer Terrorismus haben zum Beispiel enge Querverbindungen, und wenn schon innerhalb eines Landes die Zusammenarbeit zwischen verschiedenen Sicherheitsbehörden nicht immer ganz klappt, so steht es um die internationale noch schlimmer. Eingefangen von Formalismus, Bürokratie, aber auch von politischer »Rücksichtnahme« nach dem alten Sprichwort »Heiliger Sankt Florian, verschon mein Haus, zünd andre an«, macht manche Regierung Anstalten, die Blitze des Terrorismus von sich abzulenken, etwa indem sie Täter, die in einem anderen Lande kriminell geworden und auf der Durchreise bei ihnen »hochgegangen« sind, einfach abschiebt. Eine gemeinsame europäische Gesetzgebung, eine institutionalisierte und effiziente Zusammenarbeit mit festen Spielregeln sind im Kampf gegen Bandentum und Terrorismus nötig, damit die spezifischen Mutlosigkeiten der Nationalregierungen sich nicht aufhäufen und aneinander verstärken. Die Anfälligkeit der modernen Großstaaten ist enorm; darum muß die Bekämpfung und Bestrafung solcher Untaten besonders hart sein. Die Regel beispielsweise, daß mit Geiselnehmern nicht verhandelt wird, es sei denn um ihre bedingungslose Kapitulation, sollte alle Regierungen binden.

*

Wir verlangen von den Nationalstaaten, daß sie die Meinungs- und die Informationsfreiheit gewährleisten. Beide, eng verschränkt, gehören zu den Grundfesten der Demokratie. Nationale Gesetze und Maßnahmen genügen nicht mehr zu ihrem Schutz und ihrer Regelung. Multis entwickeln sich auch in der Medienbranche: Bertelsmann, Murdoch, Goldsmith. Satelliten bedienen zahlreiche Länder mit Fernsehsendungen fremder Herkunft. Staatliche oder öffentlich-rechtliche Monopole werden ausgehöhlt. Die gemeinsame Kultur wie die gemeinsame Politik müssen sich in Europa ausdrücken, und sie müssen Europa nach außen darstellen können. Filme, Bücher, Schallplatten, Musikkassetten und Sprachkassetten, Videokassetten, Videoplatten, Datenträger für die Informatik und all die dazugehörende Technik sollen in Europa hergestellt wie auch exportiert und im Handel gegen Produkte anderer Wirtschaftsgebiete ausgetauscht werden können. Kulturtechnik, Industrietechnik und Verteidigungstechnik dürfen nicht auseinanderdividiert werden. Satelliten und Raumbeobachter aller Art und deren immer wieder fällige neue Generationen kann sich kein europäischer Nationalstaat allein leisten, nur der europäische Bundesstaat könnte das. Was uns auf diesem Gebiet bedroht, zeigt das Gerangel um die Rolle der R. T. L. in Verbindung mit europäischen oder amerikanischen Satelliten. Auch hier, wo die Entwicklung besonders rasch läuft, brauchen wir gemeinsame Institutionen mit der Kompetenz, auf der Grundlage bester Information schnelle Entscheidungen zu treffen, die alle Mitglieder der Gemeinschaft binden, Entscheidungen, die mehrheitlich zu treffen sind. In Europa kann es kein *liberum veto* geben, sonst wird unser Schicksal dem Polens zwischen vor 1795 ähneln, wo jedes einzelne Reichstagsmitglied das Zustandekommen eines Beschlusses mit seinem Veto verhindern konnte, auch wenn es mit seiner Stimme einsam und allein stand.

### *Die Wiedervereinigung Europas und der Deutschen*

Freiheit im Innern und Freiheit im Rahmen der Außenwelt sollte der Nationalstaat, seit er demokratisch geworden war, seinen Bürgern garantieren. Daß der westliche Staat der deutschen Nation, die Bundesrepublik Deutschland, den Deutschen östlich der Elbe diese Freiheiten nicht besorgen kann, ist 37 Jahre nach Gründung der DDR kein Staatsgeheimnis mehr. Die wirtschaftlichen Beziehungen konnten und können entwickelt werden und schaffen eine gewisse materielle Abhängigkeit der DDR vom westlichen, demokratischen Teil Deutschlands. Aber deren Gewicht soll weder unter- noch überschätzt werden: Eine Diktatur kann ihre Untertanen immer zwingen, den Gürtel enger zu schnallen, wiewohl das ihre Verantwortlichen natürlich ungern und sozusagen in letzter Instanz tun, wenn es nicht anders geht. Die zwischenstaatlichen Beziehungen auf der Basis des Grundlagenvertrags haben eine beschränkte, aber für die Einwohner höchst bedeutsame Humanisierung des mitteldeutschen Regimes zur Folge gehabt – der Druck des Apparats, der Partei, des »Stasi« bleibt dennoch enorm; und trotzdem geht es unter ihm um einiges zivilisierter zu als in Rumänien, Bulgarien oder in der Tschechoslowakei. Die Kirchen haben einen bedeutenden Grad von Bewegungsfreiheit (in westlichen Augen bleibt ihre Abhängigkeit natürlich enorm); Information zirkuliert dank dem westlichen Fernsehen besser als irgendwo sonst im Osten; die Menschen sagen sich, daß sie auch als »Sklaven« der SED heute mehr zu verlieren haben als nur ihre Ketten. Die Verbindungen mit der Bundesrepublik und der Zustand der »öffentlichen Meinung« im Lande (so etwas gibt es in einer verhältnismäßig »milden« Diktatur auch – nur wird sie dort nie veröffentlicht) geben den Machthabern eine gewisse Rückendeckung in ihrem Verhältnis zu den Oberherren in Moskau – die natürlich nicht strapaziert werden darf. Die Erfolge der »Ökopax«-Bewegungen in der Bundesrepublik sowie das Eindringen ihrer Ideen in die SPD und sogar in die Genscher-F. D. P. sind ebenfalls direkte oder indirekte Erfolge eines totalitären Regimes, das immer mehr wie selbstverständlich frequentiert wird, wenn man ihm nicht, wie auf der Leipziger Messe, sogar den Hof macht – und dies nur, »weil die ja auch Deutsche sind«. Mit diesem Argument könnte man auch Rudolf Heß frequentieren – oder seine Kumpane, wenn sie noch am Leben wären.

In einer solchen Lage sind keine weiteren wesentlichen Verbesserungen für die Deutschen in der DDR zu erwarten – und noch weniger irgendwelche Fortschritte zu einer staatlichen Wiedervereinigung –, es sei denn, die Bundesrepublik wäre bereit, kleinere »positive« Fortentwicklungen mit völlig unverhältnismäßigen Konzessionen und Verzichtserklärungen zu bezahlen. Für die Anerkennung einer »Nationalität« der Einwohner der DDR, das heißt die *Ab*erkennung der deutschen Nationalität, und für die Anerkennung, daß die DDR für die Bundesrepublik Ausland sei, ein Ausland wie alles andere Ausland auch – dafür dürfte die DDR schon einen ganz hübschen Preis zahlen, aber nichts, das den Dingen ans Mark ginge, nichts, was das Regime bedrohen und seine Zugehörigkeit zum kommunistischen Lager irgendwie lockern würde. Wenn die Bundesrepublik aus der NATO ausscheiden würde und – in einer, sei es zunächst auch nur abgeschwächten Form – sich zur Bekämpfung »faschistischer Revanchisten« im Sinne der einschlägigen Definitionen, die im Osten Geltung haben, bereit fände, dann wäre es durchaus denkbar, daß man in Moskau und Ost-Berlin auf einen alten Ulbricht-Vorschlag zurückgreift und einen Konföderationsvertrag zwischen den beiden deutschen Staaten auf den Tisch legt – eine Entwicklung, die von der Natur beider Staaten her die Bundesrepublik sehr viel tiefgreifender verändern müßte als die DDR. Derartiges ist denkbar und möglich. Die Frage ist nur, ob man (und wer) in der Bundesrepublik bereit ist, für solche Ware solchen Preis zu zahlen. Daß die Zahl derer, die zu ähnlichem bereit wären, nicht nur unter Außenseitern, sondern in Teilen der großen Verfassungs- und Volksparteien, bei Politikern und Medienleuten zunimmt, schon zugenommen hat, daran kann nicht gezweifelt werden.

Die politische Union Europas würde eine Entwicklung, an deren Ende die zweite Selbstzerstörung der deutschen Demokratie stünde, sehr viel schwieriger machen. Darum ist die gegenwärtige Europabegeisterung bei Teilen der deutschen Linken nur als zusätzlicher Ausdruck ihres Antiamerikanismus zu bewerten. Sie, die politische europäische Union, würde aber auch den Bürgern der Bundesrepublik die größtmögliche Garantie dafür geben (unter der Voraussetzung, die europäische Union bleibt mit den Vereinigten Staaten verbündet), daß der gegenwärtige Stand an demokratischen Rechten bewahrt werden kann, und dafür, daß neue Fortschritte der Demokratie auf neuen Gebieten des gesellschaftlichen Lebens gemacht werden können. Die spezifischen Interessen der gespaltenen deutschen Nation müßten in diesem Zusammenhang von den anderen Mitgliedern der Union anerkannt und in der Unionsverfassung verankert werden, die unter anderem die diesbezüglichen Artikel des Grundgesetzes übernehmen könnte. Schon jetzt entwächst ja aus der Zugehörigkeit der Bundesrepublik zur Europäischen Gemeinschaft kein Hemmnis für die besondere Entwicklung der Beziehungen zwischen den beiden deutschen Staaten; ganz im Gegenteil spricht man von der DDR als geheimen Mitglieds der EG. In Angelegenheiten, die die Einheit der deutschen Nation und die Beziehungen einer europäischen Union zu der DDR betreffen, sollte die Bundesrepublik ein spezielles Vorschlagsrecht und am anderen Ende des Entscheidungsweges ein klar definiertes Vetorecht besitzen, aufschiebend in gewöhnlichen und definitiv in lebenswichtigen Fragen. Dieses Sonderveto entspräche der Sonderlage Deutschlands als einzige gespaltene Mitgliedsnation der Union. Die Bundesrepublik sollte in Verhandlungen mit der DDR einen permanenten Auftrag des Rats der europäischen Union besitzen, der als deren kollektiver Staatschef Bericht über die Ausführung der Mission erhält und auf Vorschlag der Bundesrepublik die betreffenden Entscheidungen trifft.

In einem solchen System wäre der Verfassungsauftrag zur Wiederherstellung der Einheit der deutschen Nation ein gemeinsames Anliegen und eine gemeinsame Pflicht aller Mitgliedstaaten der Union, welche ihrerseits nicht mehr mit Besorgnis auf einen deutsch-deutschen Sonderweg blicken müßte, der Westdeutschland de facto zur Selbstneutralisierung führen und das übrige freie Europa entweder mitreißen oder auf die exponierte Rolle eines amerikanischen Brückenkopfes reduzieren würde. Die Deutschen aber könnten von einer verhältnismäßig gesicherten Ausgangsposition die weiteren Entwicklungen im sowjetischen Lager und ihre Nachwirkungen in der DDR verfolgen. Auch die Sowjetunion und ihre Satelliten treten in die Zukunft ein, deren mögliche große Linien hier schon mehrmals angezeigt worden sind: In einer polyzentrischen Welt (nun kommt das von dem verstorbenen Togliatti für das kommunistische Lager erfundene Wort zu einer größeren Geltung), in der es sechs oder sieben Großmächte gibt, müßte die Sowjetunion ohne Zweifel mit einer starken Anziehungskraft der westeuropäischen Union auf Osteuropa und mit einer ebensolchen von einer etwaigen islamischen Großmacht auf Zentralasien rechnen. Es ist nicht unvorstellbar, daß den realistischen Männern im Kreml dann – bei starker Agitation in Ländern wie Polen, Ungarn, Tschechoslowakei – ein generelles Abkommen der Sowjets mit Westeuropa, das ihnen den Rücken freimachen würde, als das kleinere Übel erscheinen könnte. Damit würde Osteuropa, inklusive der DDR – aber diese nicht *allein,* wie das manche Deutsche sich ausdenken, ohne Mitverantwortungsbewußtsein für Polen und andere

Nachbarn –, zum Anschluß an die europäische Union frei; die Westgrenze der Sowjetunion aber wäre vor Angriffen gesichert – was innere Freiheitsentwicklungen in Rußland und unter den anderen Völkern der bisherigen Sowjetunion nicht ausschließt. Ja, es kann eines Tages nicht mehr absurd anmuten, daß Rußland engere Bindungen mit der europäischen Union eingeht, denn in der polyzentrischen Welt würden Gemeinsamkeiten zum Zuge kommen, die heute noch irrelevant sind. Sowenig realistisch solche Zukunftsbilder gegenwärtig erscheinen mögen, sie haben zwei große Vorteile, indem sie verdeutlichen:

1. Nur in einem solchen Zusammenhang kann die Demokratie im deutschen Westen weiterbestehen und ausgebaut werden, und nur so können eines Tages auch die Deutschen der DDR zu ihrem Recht auf Demokratie kommen.
2. Nur im Rahmen der europäischen Union ist die staatliche Wiedervereinigung der Deutschen für ihre Nachbarn, die Franzosen, Polen, Tschechen, Italiener und so weiter, erträglich, eben weil die Aufhebung der Nationalstaaten, die Übertragung von wesentlichen, bisher nationalen Kompetenzen auf die Union die Wiedervereinigung der Deutschen in die Wiedervereinigung Europas einbettet.

Die Geschichte *muß* nicht so verlaufen, aber sie *kann* es, und wir Deutsche und Franzosen von heute könnten einiges tun, damit sie so verläuft.

### *Deutsch-französische Union als Motor Europas*

Warum ist hier von Deutschen und Franzosen die Rede, und nicht von Deutschen und Italienern, die immerhin mehr als tausend Jahre lang, von 773 bis 1799, in einer Art von Schicksalsgemeinschaft gelebt haben, oder von Franzosen und Engländern, die sich praktisch von 1066 bis 1815 in den Haaren gelegen haben und damit sehr viel längere Zeit Erbfeinde gewesen sind als

Frankreich und Deutschland? Und warum, wenn wir schon Deutschen und Franzosen eine besondere Bedeutung zuerkennen, könnten unsere beiden so eng verwandten und verknüpften Völker nicht zusammen, aber *ohne* die anderen europäischen Staaten, die nötige Aufhebung des Nationalstaates vollziehen?

Die Deutschen wohnen im Herzen des Kontinents – mehr als 90 Millionen Deutschsprachige, von Bozen bis Flensburg, von der Oder bis an die Mosel. Es ist selbstverständlich, daß alles, was das – von den Russen abgesehen – größte Volk Europas angeht, alles, was bei ihm und in ihm vorgeht, alle anderen Europäer in Mitleidenschaft zieht. Wie es in Schillers Fiesko heißt: Wenn der Mantel fällt, muß auch der Herzog fallen. Wenn die Deutschen fallen, müssen auch alle übrigen Europäer fallen, in die eine oder in die andere Richtung. Was immer die Deutschen unternehmen, es betrifft uns alle.

Frankreich war Deutschlands Gegenpol. Europa, das war, wie die beiden Rhoneufer im Volksmund noch immer heißen: *Empi* (Empire) und *Royaume*. Italien gehörte zum Reich, alle übrigen waren Anhängsel, Grenzmarken. Frankreich ist heute auf dem Kontinent die einzige Atommacht, das einzige Land mit Besitzungen, Stützpunkten, Neoprotektoraten auf allen übrigen Kontinenten (selbst in Nordamerika mit den Inselchen St. Pierre und Miquelon), das einzige Land auf dem europäischen Kontinent mit festem Sitz im UNO-Sicherheitsrat. Die Briten gehören gewiß zu Europa, aber auf eine distanzierte und janusköpfige Weise: Ein Gesicht sieht nach Europa, aber das andere nach den Vereinigten Staaten. England kann auf die Dauer nicht draußen bleiben, das hat die Geschichte zwischen 1950 und 1972 bewiesen, aber keine wirklich schöpferische Europainitiative ist von seinen Staatsmännern, während sie im Amt waren, ausgegangen. Selbst der große Churchill vergaß, als er zwischen 1951 und 1955 noch einmal Premierminister wurde, das leidenschaftliche Engagement seiner Europa-Rede von 1948.

Natürlich können Frankreich und Deutschland nicht x-beliebige Phantastereien vorschlagen. Es muß etwas vorgegeben werden, das Hand und Fuß hat, das nicht mit einem Achselzucken ad acta gelegt wird wie der geradezu lächerliche, in Form und Inhalt gleicherweise unannehmbare Vorschlag, den die beiden Regierungen zur Verwirklichung der politischen Union Ende Juni 1985 vor der Sitzung des Europäischen Rates in Mailand improvisiert hatten. Es muß überdies etwas sein, wovon mit Nachdruck gesagt wird, Frankreich und die Bundesrepublik seien bereit, nach einer kurzen Frist des Nachdenkens, die den anderen gelassen wird, an seine Verwirklichung auch zu zweit zu schreiten, in der Gewißheit, daß andere schnell nachziehen werden. Das war Jean Monnets Methode, der wußte, daß zur Ausführung seiner Projekte auf Politiker wie Adenauer und Robert Schuman, auf ihre Klarsicht, ihre Autorität, ihre Zähigkeit gezählt werden konnte. Der politische Wille steht hier im Vordergrund und die Fähigkeit, mit spektakulären Gesten die Masse der Bevölkerung mitzuziehen. Nichts verbietet heute, daß die französische und die deutsche Regierung sich zwei-, drei-, viermal im Jahr in vollständiger Besetzung treffen und Gesetzesvorschläge in Fragen, die beide Länder angehen, gemeinsam beraten und verabschieden, zum Beispiel auf dem Gebiet des Umweltschutzes. Niemand kann der *Assemblée Nationale* und dem Bundestag verbieten, gemeinsam im selben Raum sich zu versammeln, um jeder für sich im selben Text einen Gesetzesvorschlag gemeinsam zum Gesetz zu machen. Niemand kann den beiden Staaten verbieten, sich in Drittländern durch gemeinsame Botschafter vertreten zulassen. Auch das ganze Kompendium der Vorschläge zur Herstellung des gemeinsamen großen integrierten Marktes, wie sie die Kommission dem Europäischen Rat in Mailand unterbreitet hat, könnte durch deutsch-französischen Beschluß zu einem großen Teil bilateral angegangen werden. England ist ja diesem Projekt im großen und ganzen durchaus positiv gesonnen; die Ankündigung, daß wir binnen sechs

Monaten mit seiner bilateralen Verwirklichung beginnen, könnte die Entscheidungsfreudigkeit in anderen beteiligten Hauptstädten schnell intensivieren. Dutzende derartiger Ideen könnten verhältnismäßig leicht verwirklicht werden, wenn es den politischen Willen hierzu gibt. Bleibt dieser aber aus, werden Frankreich und die Bundesrepublik getrennt und vielleicht sogar gegeneinander die schiefe Ebene der Abhängigkeit, der Unfreiheit, der Dekadenz hinuntergleiten.

Im Grunde haben wir soeben auch schon die zweite Frage beantwortet: Eine deutsch-französische Union hat als Beispiel und Motor ihren eigentlichen Sinn. Wir haben uns in diesem Schlußkapitel darzulegen bemüht, daß die wichtigsten Kompetenzen der bisherigen europäischen Nationalstaaten, wenn unsere Völker frei, als unabhängige Subjekte der Geschichte und als tatkräftige Mitspieler der Weltgeschichte weiterleben wollen, an eine hohe gemeinsame Ebene, an einen europäischen Bundesstaat, weitergegeben werden müssen, mit welchem Namen man das Kind immer taufen möge. Als wesentlichste Faktoren für die hier als nötig erachtete Großmachtposition wurden Bevölkerungszahl und geographische Ausdehnung erkannt. Beides besitzen Frankreich und die Bundesrepublik nicht im notwendigen Maße. Das Europa der Zwölf würde sie haben. Frankreich und die Bundesrepublik können Initiatoren und Schrittmacher sein, die Großmacht Europa aber können sie allein nicht bilden.

### *Das Beispiel Cassiodors*

Hiermit sind wir am Ende unserer kurzen Überlegungen angekommen. Aus meinem persönlichen Schicksal habe ich die Berufung abgeleitet, an der Versöhnung der Deutschen und der Franzosen im Interesse beider Völker mitzuwirken, um auf dieser Ebene für uns und unsere Nachbarn ein neues Reich der Freiheit, der Unabhängigkeit, der Selbstbestimmung errichten zu können, im Bewußtsein, daß die gegenteilige Alternative in die Unfreiheit und Unterwerfung führen würde. Wenn ich hier das berühmte und durch deutsche Schuld berüchtigte Wort »Reich« zum Gebrauch zurückhole, so denke ich nicht so sehr an das Heilige Römische Reich Deutscher Nation – oder im Französischen mit *Empire* an das gewaltige, aber kurzlebige Reich Napoleons –, sondern an das fast den ganzen bekannten Erdkreis umspannende Römische Reich. Dieses war auf dem Grund von Eroberung und Unterwerfung errichtet worden; von Freiheit, Unabhängigkeit, Selbstbestimmung war im *Imperium romanum* für niemanden, für die Städte und Länder so wenig wie für die Personen, die Rede. Und trotzdem sahen die Zeitgenossen seines Untergangs in ihm den Hort der Kultur und der Menschlichkeit; trotzdem waren viele der Barbaren von ihm so angezogen, daß sie sich als Statthalter des Kaisers zur *renovatio,* Erneuerung des Reiches, zumindest in den von ihnen besetzten Gebieten berufen sahen. Theoderich der Große, Barbarenkönig und römischer Patrizier, hat zusammen mit Cassiodor, Senator, Chefberater des Barbaren und Bewahrer aller großen Traditionen des antiken Geistes,[1] den Traum dieses alt-neuen Reichs eine kurze Frist hindurch verwirklicht, bis sie am sturen Nationalismus der Römer wie dem der Goten scheiterten. Wieviel höher läge der Ausgangspunkt einer modernen europäischen *renovatio?* Freiheit, Gleichheit, Brüderlichkeit sind keine wirklichkeitsfremden Schemen! Im Vergleich zu allen früheren Staaten und Gesellschaften war noch niemals diesen Begriffen soviel konkreter Inhalt gegeben, noch niemals so viel Menschlichkeit und Menschenwürde der Unmenschlichkeit abgerungen worden wie heute in Westeuropa. All diese Errungenschaften – so unvollständig sie auch gegenüber einem absolutistischen Anspruch wirken mögen – sind be-

1 Flavius Magnus Aurelius Cassiodorus lebte um 480 bis 575. Er war Senator, Konsul, Prätorianer-Präfekt und Philosoph.

droht. Auch der Untergang, der uns bevorstehen kann, wird – von einer atomaren Weltkatastrophe abgesehen, die sich außerhalb der Geschichte ereignet – kein definitiver sein. Als Cassiodor das Scheitern seiner Mission als Minister und Chefberater eingesehen hatte, zog er sich auf seine riesigen Güter in Kalabrien zurück und ließ von den Hunderten von jungen Mönchen, die in seinem Kloster Vivarium, dem »Lebensort«, eine Zuflucht gesucht hatten, die großen Werke der antiken Literatur abschreiben. Und siehe – nicht einmal ein Jahrtausend war verstrichen, schon führte das Unternehmen Cassiodors im Humanismus zu einer neuen Blüte der Menschlichkeit.

Umwege durch die Dekadenz sind vermeidbar. Die fruchtbaren und herrlichen Momente der deutschen und der französischen Geschichte können durch festen politischen Willen und starken Einsatz in eine neue europäische Größe eingebracht werden. In diesem Buch ist viel von Macht, Staat, Geschichte, von Moral, Humanität und Größe die Rede gewesen. Das klingt unmodern. Aber wenn ich Livius, Tacitus, Polybios, Thukydides, Sueton lese, begegne ich den Menschen von heute: ihren Schwächen, ihren Sünden – und ihrer Fähigkeit, anderen Menschen zu helfen und die Welt von innen her im Rahmen der Schöpfung weiterzubauen. Vor uns liegt die Drohung einer neuen Art von Barbaren, die ebenso aus unserer Mitte wie von außen hervordrängen. Keiner von uns soll sich von Cassiodors pessimistischem Mut, von seiner skeptischen Unternehmungslust, von seinem bescheidenen unerschütterlichen Vertrauen dispensiert fühlen. Auf mich kommt es an. Auf dich kommt es an. Auf uns Europäer kommt es an.

Chabus par Saint-Christophe les Gorges
1. 10. 1985

# John Bowle
# Geschichte Europas

Von der Vorgeschichte bis ins 20. Jahrhundert
Aus dem Englischen von Hainer Kober. 2. Aufl., 18. Tsd. 1985.
720 Seiten. Serie Piper 424
(Auch als gebundene Ausgabe lieferbar)

Dieses Werk des Oxforder Historikers ist eine umfassende, ungemein spannend erzählte Darstellung der Geschichte Europas in einem Band, für die es auf dem deutschen Markt kein zweites Beispiel gibt. Gestützt auf eine Fülle von Quellenmaterial und reiche Literaturerkenntnis gelang Bowle eine meisterhafte Beschreibung der miteinander verwobenen Strömungen der verschiedenen Kulturen Europas.

Wir erleben die stete Wechselwirkung von Politik und Kultur. So entfaltet sich vor unseren Augen das ganze Spektrum der europäischen Geschichte von prähistorischer Zeit bis hin zur neuzeitlichen Entwicklung von Nationalstaat und Demokratie nach der industriellen Revolution. Bowle endet seine Darstellung mit dem Jahr 1939.

»Bowles Fähigkeit, anschaulich und engagiert Tatsachen und Zusammenhänge zu verdeutlichen, der trockene Witz seiner historischen Porträtkunst, die Entschiedenheit des Urteils, aber auch die keineswegs nur den Deutschen geltende Skepsis machen sein Werk in einer Zeit ›maschinenseliger Neobarbarei‹ vor allem als Einführung junger Menschen in die Geschichte so wichtig.

Denn seine ›Geschichte Europas‹ ist nicht nur beschauliche Lust an Altem und Anekdotischem, ein Karneval der Kuriositäten, ein Führer zu großen Kunstwerken, eine Entdeckungsreise zu fernen und fremden Kontinenten der Zeit, sondern ebenso und vor allem ein Memento der Macht: Erinnerung an Versäumtes, Abrechnung mit blinden Gewalten und verblendeten Gewalthabern, Mahnung für die Zukunft, die einem Kontinent gilt, der einst der Welt die Gesetze gab und jetzt nur noch die Klinken- und Schuhputzer der Supermächte zu stellen scheint.«

Der Spiegel

Piper